苏东坡传

一蓑烟雨任平生

刘小川 著

時代文藝出版社

图书在版编目（CIP）数据

苏东坡传：一蓑烟雨任平生 / 刘小川著． -- 长春：时代文艺出版社，2020.10（2024.5重印）

ISBN 978-7-5387-6463-5

Ⅰ. ①苏… Ⅱ. ①刘… Ⅲ. ①苏轼（1036–1101）－传记 Ⅳ. ①K825.6

中国版本图书馆CIP数据核字（2020）第121440号

出 品 人　吴　刚
出版监制　赵　易
责任编辑　孟　婧
产品经理　晏一群
装帧设计　仙　境
排版制作　新兴工作室

苏东坡传：一蓑烟雨任平生

刘小川 著

出版发行 / 时代文艺出版社
地址 / 长春市福祉大路5788号　龙腾国际大厦A座15层　邮编 / 130118
总编办 / 0431-81629751　发行部 / 0431-81629758
官方微博 / weibo.com / tlapress
印刷 / 长春市华远印务有限公司
开本 / 880mm × 1230mm　1 / 32　字数 / 178千字　印张 / 8
版次 / 2020年10月第1版　印次 / 2024年5月第7次印刷　定价 / 45.00元

前　言

苏轼的主动性生存

苏轼的家乡在眉山，这里地处成都平原，“古人居之富者众”。

两宋三百余年，眉山仅一个县就出了九百零九个进士，高居全国州县之首。即使是天府之国成都，也是不能比的。而苏轼考进士时，虽名列第二，却是事实上的状元，制科殿试又拿了百年第一，可以说，他是宋代唯一的“双料状元”。

有意思的是，在科举考试中所向披靡的苏轼，并不是“一心只读圣贤书”的书呆子，而是德、智、体、美全面发展的全才。小时候，他就不单脑子灵，学习好，活动能力也很强。他可以骑在牛背上读《千字文》，后来又这样读了《汉书》《诗经》《孟子》。他还会爬到眉山东门外的大榕树上远望，在滔滔江水中游泳嬉戏。他是用弹弓打鸟的高手，尽管他的母亲程夫人教导他要善待生灵。他也是淘气的吃货，曾经“狂走从人觅梨栗”。

苏轼长大后，更是成了文武全才，既能吟诗作词，也能“左牵黄，右擎苍，锦帽貂裘，千骑卷平冈”。他天天写书法，“幼而好书，老而不倦”，书法风格独树一帜，与米芾、黄庭坚和蔡襄并称“宋四家”。他又经常画水墨画，在墨竹、怪石、枯木等画法上开辟新意，画内有情，画外有意，因而他的画作也成了同时期的著名画家文同、王诜、李公麟争相收藏的宝贵之物。他毕生致力于诗、词和散文的文学创作之中，虽然他曾感慨“平生文字为吾累”，但文学却成了他生命中不可缺少的一部分。而诗情画意之外，他还成了种树的行家，“手植青松三万栽”。他喜欢户外活动，攀爬技术一流，又喜欢收集奇形怪状的石头，甚至将石头作为礼物送给佛印禅师。

在官场上，苏轼从政四十余年，有口皆碑。在杭州，他带领百姓治西湖、筑长堤，造就了传承千年的苏堤春晓，而瘟疫横行时，他则化身良医，救人无数；在密州，他治蝗灾，连续三个多月从早到晚都在田间地头奔波；在徐州，他始终走在抗洪第一线，夜宿城墙，指挥全局，最终保住了徐州城；在颍州，他组织役夫开发了颍州境内的沟渠，疏浚了颍州西湖和清河；在扬州，他停止劳民伤财的万花会，又请求朝廷暂停催收百姓的积欠；在定州（今河北定州），他整顿军防，加强士兵的日常训练，又维修军营，尽量改善底层士兵的生活条件；在惠州，他筹款在西江上造桥，又推广快速插稻的秧马技术，设计广州自来水大工程；在海南，他鼓励大家开荒种植，甚至当起了蛮荒之地的文化使者，授业讲学，培养了海南的第一位进士……

然而，苏轼所处的时代虽承平日久，却充满内忧外患，党争不断。在这样动荡的大环境之下，纵然苏轼才情过人、为官有道、爱民有方，却注定在纷繁动乱的局面中处处碰壁。

难得的是，苏轼得意时不骄不躁，失意时也淡然处之，随遇而安，甚至将世人眼中的地狱变成天堂，化被动为主动。因为在“乌台诗案”中受到李定、舒亶、张璪、何正臣等小人的构陷和攻讦，他从前途无量的知州一朝变为罪臣，并被神宗皇帝贬到荒远的黄州。但他没有自怨自艾，很快就调整了自己的心情。他在清泉寺内游览，大喊“谁道人生无再少”；他在沙湖道上淋雨，笑呵呵地写下了“一蓑烟雨任平生”。利用这段清闲的时光，他参禅论道，著书写文，诗词、书法、绘画等方面日益精进，创作了许多诗词名篇。而当微薄的俸禄不足以支撑家庭的生活时，他也在黄州的东坡带领全家开荒种地，又筑造东坡雪堂，会客雅集，弹琴品茗，日子十分惬意！

在生活中，他也始终充满情趣。他爱竹，无竹不欢，眉山的故居前有“万竿竹”，诗词里则呈现了“风敲竹”。他嗜茶如命，发明了“三沸水”，在杭州跟和尚们斗茶，留下品茶名句：“从来佳茗似佳人。”他爱美食，自创了东坡肉、东坡饼、东坡鱼、东坡羹……他还喜欢夜游，在放空的夜晚中，也让哲思达到极致，因而写下了《记承天寺夜游》《赤壁赋》《石钟山记》等名篇。

当然，全能才人苏轼也有不擅长的。他酒量极差，几杯即醉，但他在醉酒时频出名作，著名的《黄州寒食帖》《水调歌头·明月几时有》便是他醉酒所得。他下围棋的技艺不如小儿子苏过，经常输棋，结果养成了观棋的习惯，并由此悟出“胜固欣然，败亦可喜”。他弹琴更不行，比他的父亲苏洵差远了，于是仰天自嘲：“某平生三不如人：饮酒，下棋，抚琴。”

就是这样有血有肉的苏轼，生时万众敬仰，死后山河同悲，甚至在近千年后依然声名不减。他既能居庙堂之高，“致君尧舜，此事何难”，也无惧处江湖之远，能广接地气。如果说天马行空的李白是潇洒恣意的天仙，苏轼就是个地仙——尽管阅尽人世百态，遍尝人间酸甜苦辣，依然热爱生活，随遇而安。

可以说，从古到今，如苏轼一般旷达乐天的人很少。世人凡事喜欢计较，困于当下的利益当中，算计到一丝一毫，而当受到损失时总是痛不欲生，无论损失的是事业、金钱，还是生命。历史上，苏轼、李白、欧阳修、李清照、陶渊明等人寿数一般，但他们的人生具有极大的主动性，因而生存的密度便如同千年古木的年轮，一圈圈如钢似铁。

或许主动性乃是一切生命享受的重要前提，人们一旦陷入被动之中，便很难享受到欢乐。就像苏轼，他在贬谪黄州前前途无量，在贬谪惠州前身居高位，如果他被动地接受这样的大起大落，从此一蹶不振，那么他的人生就再难享受到快乐。主动性一旦丢了，浑浑噩噩马上就来了，这几乎是个物理定律。

千年以来，苏轼的文学才华和人格魅力影响了一代又一代的人，他的人生经历启迪了无数后继者的人生模式和文化性格。让我们尝试着靠近苏轼，从这位伟大而又活生生的智者身上，找回一些生命的主动性，维系生活之意蕴层。

刘小川

于眉山忘言斋

目录 · Contents

第一章　腹有诗书气自华

生活之意蕴层 / 003

天才少年 / 010

三苏，名动京师 / 017

重返汴京 / 023

第二章　入仕方知行路难

初仕凤翔 / 031

寒士的忧与思 / 037

十年生死两茫茫 / 042

医国手王安石 / 047

变法之争议 / 053

第三章　欲把西湖比西子

文人与山水 / 063
人间天堂，酒食地狱 / 070
依然心怀天下 / 076
尘世中无尽的离别 / 081

第四章　老夫聊发少年狂

一郡之守的担当 / 089
与徐州共进退 / 096
而今却被小人误 / 104
乌台诗案，命悬一线 / 110

第五章　何妨吟啸且徐行

坡仙：无黄州，不东坡 / 119

谁能伴我田间饮 / 125

在闲适中通达人生 / 132

月夜泛舟，赤壁绝唱 / 138

生命是唱不尽的歌 / 144

第六章　此心安处是吾乡

十年宦游，何以为家 / 151

司马牛，司马牛！ / 160

“苏门四学士” / 166

题画诗与文艺理论 / 171

第七章　一蓑烟雨任平生

元祐党争的爆发 / 179
苏堤：原本无名 / 185
二年阅三州 / 191
一贬再贬的仕途 / 198

第八章　身如不系之舟

多欲，多慈，多思 / 207
朝云仙逝于惠州 / 213
南荒的文化使者 / 220
东坡之死，山河同悲 / 227

附录　苏轼生平年表 / 235

第一章

腹有诗书气自华

生活之意蕴层

宋仁宗景祐三年（1036），历史上虽未发生惊天动地的大变革，但这一年，却也出现了一些影响时局的事件。

五月，权知开封府（今河南开封）范仲淹因得罪宰相吕夷简，被贬官饶州。范吕之争，牵连甚广。余靖、尹洙等大臣上书为范仲淹辩解，也遭贬黜。欧阳修愤怒之下，写信指责谏官无所作为，任由刚直不阿的范仲淹等人受到不公正待遇，因其言辞激烈，被贬为夷陵（今湖北宜昌）县令。

景祐三年，可说是宋朝政治走向极为重要的一年，尽管多年后范仲淹重返朝廷中心、全面施行庆历新政，欧阳修也成为一呼百应的股肱之臣，但大宋却已然埋下了党争的伏笔。纵观宋朝三百年，大小党争，数不胜数。文官之间，但有政见不合，便口诛笔伐，欲置对方于死地。

就是在这样的时局纷争下，在远离京师的眉山县城，苏轼降生了。这一天是景祐三年十二月十九日[①]，一个平常而又普通的日子。

苏轼虽为地道的眉山人，但其祖籍却在赵州栾城（今河北栾

---

①中国古代使用农历历法，本书中涉及的人物生卒年、事件发生日期均以农历日期为准。

城）。苏轼家族可追溯到唐代。唐武则天朝有个叫苏味道的人，曾官至丞相，据苏洵考证，此人是他的祖宗，再往上，就不得而知了。苏味道主张遇事要含糊，“模棱执两端”，切不可旗帜鲜明。时人赠他一个绰号：苏模棱。在古代，这种为官态度在一般情况下是行得通的，但苏味道遇上武则天，不大走运。他被贬为眉州刺史，后迁益州（成都）长史，但未赴任就死了。苏味道的一个儿子在眉山定居，其名已不可考，却繁衍了眉山苏氏。

苏轼与苏味道之间毫无相似之处，模棱两可变成了棱角分明。在苏氏家族里，苏轼的性格很像他的祖父苏序。苏轼出生时，苏序六十三岁，体魄强壮，能写诗，更能喝酒。据说他写过一千多首诗，可惜没有一首流传下来。他的酒量远胜于苏轼。苏轼爱酒，但酒量有限，“饮少辄醉”。苏序就不同了，这个奇怪的老头儿总是骑着毛驴到处转悠，边转边饮，逢人就开玩笑，爽朗的笑声总是飘荡在县城的石板路上和远近的乡野。

苏序除了具有幽默感，还具有同情心。有一年，眉山闹饥荒，他见很多人饿肚子，二话不说，就把自家积存下来的四千石谷子，散个精光。虽然苏序开仓散谷有个先后顺序：先济族人，再助外戚，之后才救济贫民和佃户，但他扶弱济贫的行为足以说明他高尚的品格。

苏序的作风，造就了苏家与众不同的处事风格和家庭风气。苏序的儿子、苏轼的父亲——苏洵——也是极具个性色彩的人。《三字经》上讲：“苏老泉，二十七，始发愤，读书籍。”这里的苏老泉就是指苏洵。初读这段话，以为苏老泉二十七岁才走上正路，此前一直贪玩好耍。其实他并非不学，只是不屑于“学句读，属对、声律”罢了。

苏洵不喜读枯燥之书，却喜欢到处走动，时人称“游荡不学”。苏家有祖田，有城南纱縠行经营绢帛的小产业，这也为他提供了“游荡”的盘缠。于是，苏洵索性就当个飘在路上的远行者。

尽管青年苏洵被认为是不务正业、不求功名，但苏洵的远游，在某种程度上却是一种很好的学习。古代信息闭塞，有志之士八方游走，几乎是一种“文化本能”。春秋战国五百多年，策士、侠客、思想家幽灵般地穿梭着，早已埋下中国人游学的基因。

苏洵游到成都，结识了益州知州张方平；游到京师，进入翰林学士欧阳修的超级沙龙。这个沙龙里有梅尧臣、曾巩、张先、司马光、王安石等，都是北宋政坛文坛响当当的人物。苏洵以一介布衣，能有如此交游，至少说明两点：一是他本人有才华，有闯劲；二是北宋大人物大都平易近人，不拿臭架子。然而，苏洵倒有点儿拿架子，在人格上藐视王安石……

远游是快乐的，但毕竟花费大，很快苏洵手头拮据了，幸好婚姻又给他带来新的财力支撑。苏洵十八岁时，迎娶了眉山首富程文应的女儿程氏为妻。程氏自幼就受到良好教育，知书达理，温良贤惠。如此美好的女子，能与苏洵共结连理，作为男人应当知足。然而，苏洵在婚后依然没有安家立业的思想，而是继续在外游荡。年轻的程氏虽“耿耿不乐”，但她努力放下富家小姐的身段，孝敬公婆，教育子女，苦心经营在外人看来并不是很“得体”的小家庭。这样的生活又过去九年。

到苏洵二十七岁时，情况突然改变，他居然发愤读书了。没有人知道苏洵性情大变的原因，或许是对妻子经年累月的奉献感到心中有愧，或许是兄长苏涣高中进士的鞭策……无论是何缘由，他开始埋头苦读，六年不写一个字——他写的文章曾被人看不起，于是发誓，不读透经史决不再提笔为文。

由于苏洵的发愤，苏家忽然有了许多书。不过，即使这样，苏家的藏书在眉山也不是特别显著。宋代的眉山是全国三大刻板印刷中心之一，十户人家，九户有藏书，眉山属县青神有名的孙氏书楼，藏书竟达数万卷。

蜀人爱藏书，也爱读书，然而蜀人不好出仕。

走出去当官叫出仕。一个北宋读书人，如果想出仕，他必须从家乡前往汴京参加科举考试。考中的举人、进士，再由朝廷分派到全国各地。即使小到九品官，也是由中央政府直接任命。

科举制自隋朝开始，在唐朝逐渐盛行，普通庶族子弟可以经过寒窗奋斗而金榜题名，从此改变家族的阶层。唐末陷入战乱，武人称雄，斯文扫地。不好出仕的，远不止蜀人。而天府之国远离战火，百姓过着相对富足的日子，更是懒得翻过崇山峻岭去求仕。苏轼祖上五代人，长期生活在眉山，没有一个当官的。

北宋一统天下，版图不及盛唐，人口数却过之。宋太祖赵匡胤调整国家战略，抑武人，重文士。这一调就是百余年，因而北宋文气大盛，文坛巨人、学术泰斗纷纷进入权力的核心层，创下历史之最。两宋三百年，单是眉山这样的小地方，就有进士九百余名。

然而，不管宋朝的科举之风如何兴盛，苏洵却没有像他的兄长苏涣一样高中进士——他写的议论文不合时宜。

苏洵未能开启仕途之路，但他的苦学依然卓有成效。短短几年时间，他不仅熟读经史，更写得一手好文章，文风纵横恣肆、奔放雄健，文字行云流水，落笔惊风。当时的文坛大家欧阳修读到他的文章，也大加赞赏："乃大究六经百家之说。"

可以说，苏洵的人生确属另类。而在苏轼的成长过程中，与时人大不同的父亲苏洵，则对他产生了至关重要的影响。

首先是苏洵的远游，为苏轼提供了同龄人所不具有的财富：广阔的见识和对外面世界的憧憬。一般小孩儿憧憬未来，持续三年或五年，这憧憬通常能影响他的意志走向，预设他的未来。

其次在教育方面，苏洵吸取自己读书晚的教训，对两个儿子的施教非常严格。只要苏洵在家里，他每天给儿子布置的功课都有具体的安排，而且往往亲自检查。五十年后，苏轼远在海南，还曾梦见童年时读书的情形：

夜梦嬉游童子如，父师检责惊走书。
计功当毕春秋余，今乃粗及桓庄初。
怛然悸寤心不舒，起坐有如挂钩鱼。

这是出自苏轼《夜梦》中的诗句。意思是说，他夜里做梦，梦到童年，正在嬉戏玩耍，而父亲要检查功课，惊得急忙奔向书本。按照父亲的计划，他应该把一本《春秋》读完了，可他只大略读到桓公、庄公部分，因此惊恐不安，坐立不稳，就像被鱼钩钩住的鱼儿。

这个梦境不是现实，却也是现实的折射，它反映出苏轼学习之刻苦。在苏洵的谆谆教导下，在苏洵充满感情的文风和言之有物的文章引导下，苏轼童年时代起步学文，就站在一个很高的起点之上。

苏洵对儿子的教导是严厉的，但不是日复一日都如此这般。毕竟，苏洵在学成之后，又多次离家外出游历，难以一直盯着苏轼。因而在苏轼的童年时代，对他影响最多的反而是母亲程氏。

与古代众多嫁为人妇的女子不同，程氏不是一位只擅女红和烦琐家务的女子，她有着良好的文化素养。在教育孩子时，她不仅督促孩子学习，还很注重培养孩子的高尚品格。比如，她会教尚且年幼的苏轼读《范滂传》。

范滂是东汉名士，为人正直，有气节，但被卷入到党锢之祸中，最终性命不保。离家前夕，他向母亲诀别，请其母不要悲伤。范滂之母慨然回答："我愿意你舍弃生命，实现自己的理想。"

读到这里，苏轼与母亲都被震撼，久久不能言语。片刻之后，苏轼仰着稚气的脸庞问道："母亲，倘若我也像范滂这样，你会同意吗？"程氏则回答："你如果能做范滂，我为何不能做范滂之母？"

程氏之气度，在此可窥知一二。不仅如此，程氏还是一位心地善良的女子，她对世间一切有生命的动植物都心存爱惜。在苏家的庭院里，种植了大量竹柏和花草，环境清幽，有山林之趣，因而吸引众多鸟儿前来筑巢。

苏轼和弟弟苏辙，幼时顽皮，他们经常仰头追寻飞鸟的踪迹，爬树捉蝉掏鸟巢。程氏信佛，善良有爱，她特意召集家人聚于院内，指着在树间或鸣或飞的小鸟，重申家规：严禁家人捕鸟和毁坏鸟巢，违者责罚。看着母亲脸上从未露出过的认真而严肃的表情，苏轼兄弟二人连连点头。久而久之，到苏家庭院筑巢的鸟儿越来越多，甚至毫不防范地将巢安置在低矮的枝丫上。如此，苏轼和苏辙也可直接俯视而看，投食嬉戏。

可见，大到做人读书，小至兴趣爱好和生活琐事，苏洵和程氏都对儿子起到了言传身教的作用。正是因为他们的影响，苏轼后来才成了一位博学多才、兴趣广泛而坚持初心的人。然而，在苏轼出生的时代，宋朝的为官风气已江河日下，这也注定他的仕途之路不会平坦。但即使他一生所遇之艰难处境，只要随波逐流，便能逢凶化吉，但他偏要秉承自己的一肚子不合时宜。

这，就是苏轼。

不仅在当时，在近千年后的今天，依然性格鲜明，独树一帜。

天才少年

苏轼虽年少聪颖，但他并非属特别聪明一类。特别聪明的孩子往往难成大器，所以我宁愿说：少年时代的苏轼心智健全。

他家境尚可，家里有城西的五亩园子，有侍女，有乳母。早年的苏轼衣食无忧，这一点可以肯定，也很重要。穷苦人家的孩子一般都立志早，能发愤，但心中也会有阴影，长时间挥之不去。穷孩子的发愤多半就是同这种阴影做斗争，等他战胜了阴影，幸福地掉头回顾，却发现错过了童年。苏轼不同，他无忧无虑地成长，像一棵树，既有沃土，又有充足的阳光雨露。现存的资料中，也没有发现苏轼小时候有过任何足以留下心理症结的童年经历。

苏轼七岁入乡塾，老师是个道士，名唤张易简。张先生穿着道袍上课，不总讲诗文，有时也讲鸡犬升天的故事。百余学生中，有个叫陈太初的，听得最是入迷。道家故事，一般学生听听也就罢了，这位陈太初却能听出弦外之音。老师讲升天，他就会意地微笑着，一副了然于心的神情，仿佛老师讲的故事里的主角不是别人，正是他自己。

这陈太初后来也通过了科举考试，大约也做过官。到暮年，他忽然决定不再食人间烟火，在自家门前按道家规矩打坐，不吃不喝。

朋友或路人劝他吃点儿东西，他都不予理会。虽然饿得东歪西倒，他的脸上却浮着微笑，和童年的表情一般无二。朋友不知个中玄妙，不敢再来相劝，只远远地瞧着他幸福地摇晃。过了几天，他终于摇不动了。朋友们以为他死了，叫下人来抬“尸体”，时值新年，下人们一面动手，一面抱怨：“大吉的日子抬尸体，真晦气。”话音未落，“尸体”忽然开口说话：“没关系，我自己走。”说罢便从地上站起身，朝乡野走去，最后在一个僻静之所倒下来。

其时，张易简早已作古，不知道自己有这么一个与众不同的弟子。而苏轼是知道的，他记下了这件事。“尸体”开口说话就是他讲的。

苏轼在乡塾读了三年书，换句话说，他稚嫩的眼睛望着张道士，整整望了三年。他心智正常，受道士的影响也就有限。他后来回忆，从乡塾到县塾，前后两任老师器重的学生，只有他和陈太初。陈太初听升天的故事听得怡然自得，而苏轼则是因为一句话让另一位老师刘微之失了面子。

刘微之乃眉山县塾首座，苏轼何以让其失面子？因为苏轼替首座改诗。

当时，诗是一种高雅文化，也很有实用性——科举考试，诗赋是考试内容之一。刘微之是喜欢写而不轻易公布诗作的那种人。如果他公布了，那就证明他自己很满意；如果他在课堂上对着学生吟诵，那就不仅满意，而且得意。

一天，他非常得意地吟着一首叫《鹭鸶诗》的诗，其中有这样一句：“渔人忽惊起，雪片逐风斜。”他吟到这一句，不自觉地停下摇晃的脑袋，捋须而笑。所有的学生都用崇敬的目光望着他，觉得他不让陶潜，直追李杜。就在这时，有个学生要求发言。这名学生身材修长，脸也比较长，他就是少年苏轼。对于苏轼，刘微之是知道的：历来肯用功，脑子也灵活。看到苏轼要发言，他当时或许有些得意：苏轼要称颂他的诗作了。

刘微之仍然捋须而笑，为了显示他的谦虚，他甚至换上一种亲切的笑容。然而，苏轼的一句话，将这笑容凝固起来。

苏轼说："那个诗句固然好，但不如改成'渔人忽惊起，雪片落蒹葭'。"鹭鸶被渔人惊起，转眼又被风卷着，像雪片一样落于蒹葭之上。这一起一落岂不美？再者，可爱的鹭鸶也有个归宿，不复可怜兮兮地"逐风斜"。

苏轼坐下了，课堂哗然。有人对苏轼侧目而视，似乎在说："苏子瞻，你竟敢改老师的得意诗作。'逐风斜'哪里不好？你偏要说什么'落蒹葭'。你以为你是谁？你用意何在？居然在大庭广众之下让老师尴尬！"

很难设想刘微之当时的表情。他大约笑不起来，有几分尴尬也在情理之中。他细细一想，认为苏轼改得有道理，于是当众宣布将"逐风斜"改为"落蒹葭"，并加上一句感叹："吾非若师矣！"

此言一出，对苏轼侧目而视者立刻转变态度，对他青眼有加。其时苏轼才十二三岁。这样的年纪，许多人尚在玩乐，或者循规蹈矩地读书，而苏轼却能修改老师的诗作，单不说这诗改得如何，其见识和勇气，已非常人能及。

苏轼长到十七八岁，渐渐出落得一表人才。他是那种体形瘦削的男人，眼睛细长，鼻子直挺。他走路的姿势很像祖父苏序，像一阵风似的"刮来刮去"。他喜欢笑并且笑声富有感染力，不笑时则常常沉思。说话当然是眉山口音，只是书读多了，词汇丰富，土语就用得少了。

苏轼读书，不是应付，不是泛泛而读，而是到了嗜书如命的地步。母亲程氏引导他读班固的《汉书》，结果他把《汉书》抄写了三遍。父亲则抓住时机，刺激他求知的欲望：当他发现苏轼爱读《战国策》，便故意把这本书藏起来。苏轼翻箱倒柜，才捧得《战国策》在手，因而如饥似渴，废寝忘食。在这样的文化熏陶下，苏轼不仅文采佳，史学素养也极好。陈寅恪说："有宋一代，苏东坡最具史识。"史识是指洞察历史的能力，不是历史知识的堆砌。

少年苏轼除了读书之外，自然也会去干别的事情。眉山是个有山有水的地方，山不高，但足以构成风景。岷江从城边流过，像一首跳动的音符。百里之外，还有峨眉山和乐山大佛。苏轼可能没登过峨眉山，乐山大佛却不止看过一回，那儿有他的读书台，"惟江上之清风，与山间之明月，耳得之而为声，目遇之而成色"。对苏轼这样的人来说，自然呈现的美感非寻常可比。对语言的敏感，说到底是对世界的敏感。当然，前提是非功利；一旦功利，美感就消失了。换成海德格尔的话是"一旦功利，世界就遮蔽了"。

苏轼的自家居所，环境也十分清幽，"门前万竿竹，堂上四库书"，令人无比羡慕。无论风吹还是雨打，竹子发出的声音都类似最美妙的音乐，沙沙响成一片，又如佳人般弯下纤腰，姿态优美。竹子，这个词本身就有一种绵长的诗意。苏轼生长于这样的环境，怎么能不羡山慕水？

每年三月时节，苏轼总是骑在马背上踏青，看眉山七里坝、青神瑞草桥，远眺峨眉之巅。夕照与微风中，他也会手捧一册《诗经》或《楚辞》，或者其他前人的集子诵读，字里行间都泛着青草的气息。苏轼骑牛读书，骑马喝酒，有时干脆醉眠芳草：“可惜一溪风月，莫教踏碎琼瑶。”

有一回，苏轼出城七十里，在一块山崖上大书“连鳌山”三字，字大如屋宇，据说是用扫帚写成。这些字迹今天犹存，虽为少年墨迹，行家依然不吝辞色地称赞：雄劲飞动。苏轼“幼而好书，老而不倦”，中国书法几千年，能与他比肩者，数人而已。

苏轼长期生活在眉山，对眉山充满感情，但由于童年时代一直耳濡目染父亲远游的故事，因而心中总是向往外面的世界，尤其是距离眉山一百多里的成都，更是他一心想要探寻之地。然而，古代车马不便，直到十九岁他才在父亲苏洵的带领下，走进了梦幻般的成都。武侯祠凭吊诸葛亮，浣花溪追寻杜甫的遗迹，摩诃池故址勾画蜀主风流，望江楼感怀名妓薛涛……苏轼在成都盘桓多久，历史没有记载，想来时间不会短。

其实，苏洵早年外出游荡，曾不止一次到过成都。但这一次，是大人物张方平邀请苏洵前往的。

张方平，乃应天府南京（今河南商丘）人，曾任翰林学士和御史中丞。当时张方平以京官外放益州（今四川成都），任知州。

这位身居要职的文官，亦是个天才人物，他看书，过目不忘；喝酒，百杯不醉。张方平遇事，也坦然应对，临危不乱。宋仁宗至和元年（1054），西蜀盛传骚扰两广数年的豪强侬智高即将率部攻入四川。益州知州慌了神，又是筑城墙，又是调兵遣将，仓促训练步骑兵与弓箭手，半夜三更杀声震天。成都如临大敌，而朝廷急抽陕西军迤逦入蜀，更是增添了战争的气氛。成都百姓乱作一团，抢购粮食，埋藏金银……城外的人蜂拥而入，四面八方皆是人群。当时的成都号称有十万户、二十多万人，而大量难民涌进来，米价翻了几十倍。关于侬智高的传言一波又一波，全城“谈侬色变”，小儿不敢夜啼。这时候张方平上任了，他从陕西入蜀，沿途把朝廷派往成都的军队都打发回去。进了成都，他下令停止筑城，遣散弓箭手，取消宵禁令，城门大开。张方平这么做是经过考虑的，他料定两千里外的侬智高攻蜀的可能性非常小，再说，宋廷名将狄青还在围剿流寇呢。

不久便是元宵佳节，张方平带头观灯赏月，条条街道布置花灯，城门通宵不闭。成都人惊魂方定，渐渐恢复了往日的承平景象。满城自乱几十天，很快就被张方平稳定下来，而侬智高果然没有攻来。

张方平忙完了这件稳定大事，立刻着手寻找人才。蜀地向来藏龙卧虎，但“蜀人不好出仕”，必须把人才发掘出来。张方平早年就曾听说眉山有个处士叫苏洵，苏洵还有两个天才儿子。处士就是民间有才华的读书人，朝廷希望“野无遗贤”，寻求处士便成了地方长官的职责之一。当然，求贤也因人而异，有些官员热衷于此，却是另有动机，比如趁机索贿，即使弄不到金银珠宝，也要搜刮几堆土特产。可是张方平是好官，好官不刮地皮，一味发掘人才。

三苏父子抵达成都，是在骚乱平息之后的当年，即至和二年（1055）。张方平请他们住高级客栈，陪他们吃喝游玩，“待以国士”。看三苏的文章，听三苏的谈吐，张方平拍案叫绝。尤其苏轼，简直是一代奇才！苏辙也不错，虽然年仅十六岁，但张方平同样以国士之礼待他。三个眉山处士，一变而为国士，在成都风头大盛。

成都的大家闺秀和小家碧玉也芳心暗许，一心想要嫁给苏轼与苏辙兄弟。

事隔多年，苏辙还写诗感慨：“成都多游士，投谒密如栉。纷然众人中，顾我好颜色。”

游士和处士不同，游士主动投谒，“朝扣富儿门，暮随肥马尘。残杯与冷炙，处处潜悲辛。”处士则比较矜持，因为处士的肚子里往往有真学问。成都当时游士多，和张方平求贤若渴的名声是有关系的。然而，许多游士游了很久还是游士，反而是三个从眉山来的“乡巴佬”，倒成了万众争羡的国士……

既然是国士，搁在成都总不如到京城去发展吧？但若要把三苏推荐到汴梁，荐给谁好呢？张方平为此颇为踌躇。最佳的人选是欧阳修，欧阳先生既是科举主试官，又是文坛领袖。可是张方平与欧阳修因政见不同而有宿怨，不相往来十几年了。万一欧阳修不买账呢？张方平觉得自己失面子事小，三苏失前程事大，犹豫再三之后，他还是提笔给欧阳修写了一封推荐信。直觉告诉他，欧阳修是一位胸怀宽广之人，绝不会因为个人恩怨而埋没栋梁之材。

后来的事实也证明，一切都如张方平所料，欧阳修对三苏的器重甚至超越于他，朝野长期传为佳话。而由于共荐三苏，张方平和欧阳修的宿怨也一笔勾销。

大凡真文士之间，向来如此奇妙，他们可以因政见不同而老死不相往来，甚至互相攻讦，但若从文学和品行来说，却又惺惺相惜。在张方平和欧阳修之间如此，在多年之后的苏轼和王安石之间，亦是如此。

三苏，名动京师

嘉祐元年（1056）三月，苏轼和弟弟苏辙告别亲友，跟随父亲前往京城汴梁参加进士考试。从眉州到汴梁，千里之遥，道路险阻，但苏氏父子未曾退缩。他们走陆路，先到达嘉陵江畔的阆中，又从阆中登终南山，走曲折陡峭的古栈道，进而翻越秦岭，进入关中，后东行到达河南之地。

父子三人一路前行，偶有登高览胜之举，但始终未有间歇。即使如此，此段路程依然耗时两月有余，三月出发，直到五月才抵达汴梁。

苏轼与苏辙风华正茂，初到京城，对新鲜事物自是兴趣盎然。但在父亲的督促下，两人皆未来得及领略京城的繁华，便进入紧张的科举备考之中。

宋代科举主要有贡举、制举两种。其中，贡举历来为朝廷所重视，士子亦趋之若鹜，人才亦多出于此。在贡举的考试流程上，须经解试、省试、殿试三级。三者的主持级别不同：解试由诸州、开封府、国子监主持，通过的考生称为“举子”或“贡生”；省试统一在京城举行，由礼部主持，因礼部隶属中书省，故称省试；至于殿试，实际上是省试的一种复试形式，由皇帝亲自主持。

苏轼与弟弟苏辙，首先参加的是开封府主持的解试。嘉祐元年八月，两兄弟不负苏洵之期盼，首战告捷，双双高中。但面对即将到来的礼部考试，已成功晋级为“举子”的两人依旧不敢懈怠，继续闭门读书。

嘉祐二年（1057）正月，弱冠之年的苏轼和苏辙在汴梁参加礼部考试，主考官为礼部侍郎、翰林侍读学士欧阳修。当时的文坛，因袭五代的浮华文风，文章讲究辞藻华丽，但所述空洞无物，乏味至极，为有志之士深恶痛绝。因此，从北宋初期的王禹偁、石介，再到范仲淹、苏舜钦、梅尧臣等，都极力反对浮靡文风，而主张写文章要言之有物。这种诗文革新运动，发展到欧阳修，则有意把诗文的革新与政治上的改革要求相呼应，提倡文章要有用于当世。

欧阳修的思想，在礼部主持的省试中也淋漓尽致地展现出来。他告诫阅卷同僚，对于空洞浮华、言之无物的应试文章，一律不准录用。

其实，当时省试的考察科目，在一定程度上也体现了欧阳修要求文章经世致用的主张。省试不仅包括诗、赋、论各一篇，还有时务策五道。所谓时务策，即是论时务的对策，颇有理论联系实际的意味。

就是在这种背景下，时年二十一岁的苏轼踏入了省试考场。他自幼饱读诗书，且深受父亲的新式文风的长期熏陶，诗文辞赋于他自是不难。唯独时务策，尚有新意。时务策的考试题目，有一则是《刑赏忠厚之至论》。苏轼三易其稿，最后用六百余字阐明了以仁治国的思想：为政者应当“以君子长者之道待天下”，同时赏罚分明，立法严而责人宽。这是苏轼人生中第一次阐述他的仁政理想，令人感到意外的是，他终其一生都在朝着这个方向奋斗。换而言之，他的政治理念在二十多岁就趋于成熟了。

省试放榜时，苏轼名列榜眼。然而，他实为状元，当时主考官欧阳修因猜测试卷出自他的弟子曾巩之手，为避亲嫌，才把苏轼的考卷列为第二。

苏轼的确很擅长考试，这一点很像唐代的白居易。他被称为中国传统文化的集大成者，其中也包括他非凡的科考本领。士大夫的生活道路，济苍生的政治理想，只有进入仕途才有可能实现，而考不上则一切免谈。年轻的苏轼头脑清醒，自是知晓这个道理，难能可贵的是，他认准了目标就心无旁骛，这大约是优秀人物的共同特征吧。

在这次省试中，苏辙的成绩虽然不如哥哥，但也榜上有名。此后，两人搬到兴国寺居住，一心为殿试做准备。忙碌的日子总是那样充实，在琅琅不绝的读书声中，时光飞快而逝，转眼就到了殿试的日子。这一年的三月初八，仁宗皇帝亲自在崇政殿主持策问，试题有民监赋、重申巽命论等。苏轼与苏辙皆应答自如，同科进士及第。

按照惯例，新中进士与主考官之间有师生的名分。苏轼金榜题名，循例呈上《谢欧阳内翰书》，感谢欧阳修的知遇之恩。这封书简，不足五百字，除了向欧阳修表达谢意之外，还精练地阐述了宋朝文学发展艰难之境遇。欧阳修读后，大为称赞，对梅尧臣说：“吾当避此人，放出一头地也。”

欧阳修对苏轼这位后生极为喜爱，这不仅关乎才学，还关乎苏轼在言谈举止中表现出来的济世之心。此后，欧阳修不止一次表达了对苏轼的欣赏，时常对人称赞苏轼道："此人可谓善读书、善用书，他日文章必独步天下。"

此时，欧阳修有一把年纪了，据说面相丑陋。但这位其貌不扬的人却是当时的文坛领袖，更是一位性情中人，他那篇有名的《醉翁亭记》连用二十一个"也"，情与态，跃然纸上。他也是《新五代史》的作者，史学素养极为深厚。他还是金石研究家，是考古学的权威，是文人书法的倡导者。人生到了他的这种境界，其实已经无所谓美丑，他的面孔更多是才华和幽默的符号。

欧阳修的官运也比较好，做过礼部尚书，官至参知政事（副相）。庆历年间他做谏官，为范仲淹的庆历新政摇旗呐喊，"力忤权贵"，得罪过不少人。可见年轻时，他的火气也比较旺。他为官，真正做到了爱民如子。欧阳修做扬州知州时，在扬州城南之蜀冈筑有平山堂，堂前种了一株柳，当地人亲切地称之为欧公柳。他曾赋诗："手种堂前杨柳，别来几度春风。"后来有个姓薛的庸官继任扬州知州，也种了一株柳，号召州县官吏称呼为薛公柳，却被扬州百姓当作笑料。此人离开扬州，"薛公柳"即被人砍掉，单留下枝繁叶茂的欧公柳。由此可见，欧阳修的声名有多大，威信有多高。

以欧阳修当时在政坛与文坛的声望，能得其夸赞，自会闻名于世，更何况欧阳修多次不吝辞色地在众人面前赞扬苏轼。因此，偌大的京城之中，一时之间，无人不知苏轼。不仅如此，欧阳修还从苏洵的文章中选出二十篇，又作《荐布衣苏洵状》上奏朝廷，力荐苏洵："文章不为空言，而期于有用。"

因欧阳修的大力举荐，苏洵大名也不胫而走，加之苏轼兄弟金榜高中，苏家三父子立时名满京师，成了人们争相谈论的话题人物。

然而，天有不测风云，人有旦夕祸福。三苏父子在汴京春风得意，眉山却传来噩耗：程夫人因病去世。

说到这位程夫人，其一生可用悲情来形容。

程氏嫁给苏洵之后，生下三男三女，长子和两个女儿早殁。另有一女八娘，十五岁嫁给表兄程正辅，结果备受公婆责骂，不到两年就病死了。苏洵大怒，写文章怒骂程家，苏家与程家从此不相往来。程氏秉承夫志，再也不回娘家，自此郁郁寡欢。程氏忽然病故，大约与此有关。但真相究竟如何，史料无载，只留下无尽的叹息。

或许，程夫人至死都不知道两个儿子已在京城双双高中。这个养育出两位进士、造就苏门三位文豪的完美女人，就在远离丈夫与儿子的孤单中，离开了这个世界。她活着的时候，全力为家。她走的时候，寂静无声。

听闻噩耗，苏轼和苏辙匆匆办理了在籍进士的手续，便随父亲回眉山丁母忧。古代的丁忧制度极有深意，不管官居何职，必须丁忧。丁忧既是尽孝，又是对官场身份的中断和超越，使人返回他的赤子本源，甚至从源头上重新打量一个人的生存。说到底，人间万事，除了铭记、追思父母的恩典，没有什么事是不可以暂停的。从一定程度上来说，丁忧淡化了官本位。

苏家父子返乡，陆路、水路昼夜兼程，一路悲恸，与之前进京赶考时紧张而又期待的心态，形成鲜明对比。经过两个月的舟车劳顿，父子三人终于回到阔别一年多的眉山老家。然而，满目皆是苍凉。家中大半屋舍已然倒塌，断壁残垣间杂草丛生，处处透着凄凉的味道。

两个年轻的媳妇，见到归来的父子三人，似乎是终于找到了支撑，泪水情不自禁地掉落下来。她们诉说婆婆生前的最后时光，也诉说家中境况。但一切已回天无力。

回想当年，苏家庭院深深，苏洵教导两位儿子读书，程氏就在近旁陪同。待到两个儿子娶妻，程氏便与两个儿媳妇一起准备茶水糕点，屋内屋外，到处充斥着温馨与欢声笑语。如今，却只剩回忆可供追寻。

苏洵忍着悲痛，将妻子安葬在武阳安镇山的山间坡地。此地风水极佳，旁边有一口井，名曰老翁井，山间清冽甘甜的泉水尽流此井，长年不竭。苏洵又在井旁筑一座亭子，作《祭亡妻文》，真切表达对妻子程氏的思念和感激：思之情深，念之贤惠，感其付出。在文章结尾处，苏洵也表达了死后回归故里，与妻子长久相伴的愿望：“我归故庐，无有改移。魂兮未泯，不日来归。”

至于苏轼与苏辙兄弟，青年亡母，其悲伤自是难以言喻。此后两年多的时间，兄弟两人依礼守制，在家乡丁忧。

重 返 汴 京

光阴飞逝，转眼已是嘉祐四年（1059）的金秋十月，苏轼与苏辙兄弟丁忧期满。

没有程氏的眉山，已成为苏家父子的伤心之地。父子三人商量之后，决定举家迁往京城。家当细软收拾完毕，到了启程之日，苏家几十口人在东门外的王家渡上船。他们直下嘉州、泸州、渝州等地，出三峡向江陵。

经过近三年的沉淀，苏轼将母亲亡故的悲伤情绪藏于心底，此时展现出来的更多是对即将步入仕途的壮志雄心。路过嘉陵江，苏轼豪气冲天，出口成章，咏出《初发嘉州》：

朝发鼓阗阗，西风猎画旃。
故乡飘已远，往意浩无边。
锦水细不见，蛮江清更鲜。
奔腾过佛脚，旷荡造平川。
野市有禅客，钓台寻暮烟。
相期定先到，久立水潺潺。

这首诗虽是苏轼年少写成，然其洒脱的风格与空灵的意境，仍难掩大家风范：清晨船只出发，鼓声喧嚣，西风掠过画旗。随着行船飘荡，故乡渐行渐远。此去不知何时才能回来，但苏轼去意浩然无边。岷江支流的锦江遥不可见，青衣江水却清澈可爱。三江合流从弥勒大佛脚下奔腾而过，浩浩荡荡，造就一马平川之地。乡村集市有一参禅之僧，于傍晚烟霭笼罩的钓鱼台上寻觅。他定是应约而先行到达，并已久久伫立在流水潺潺的钓鱼台上了……

过往无所追寻，前路却隐约可知。苏轼寄情于山川景物之中，借悠悠诗句，抒发其目之所见、耳之所闻和心之所感。此时的苏轼已无暇顾及离乡的感伤，对仕途的无限憧憬和对未来的热烈向往占据了他整个心灵。前路漫漫，伟大的功业也在等着他去建立。

行船两月，苏家三人历经十一个州郡、二十六个县，于当年十二月抵达江陵。因天气渐冷，又近年关，全家决定暂且安顿下来，等来年的春天再从陆路北上京师。

嘉祐五年（1060）二月中旬，苏家抵达京师。他们在西岗租了一座宅院，暂且安顿下来。待京城的生活步入正轨，父子三人便着手整理这次行程中创作的诗文。其实，中途在江陵停留时，他们就已经梳理了从眉山到江陵的行船诗文，称《南行前集》。而从江陵到京师途中的诗文，则到京城后才开始整理，被称为《南行后集》。

这些诗文，皆为沿途所作，记录景物，也记录心情。有些诗文广为传颂，有些诗文只有学者光顾。但这些并不重要，苏家父子无论描写风景，抑或凭吊古迹，全凭一时心情，“得于谈笑之间”。

三月，万物复苏。苏氏兄弟到吏部办理了注官手续，苏轼被任命为河南府福昌县主簿，苏辙被任命为河南府渑池县主簿。主簿是辅佐知县、办理文书等事物的九品官。两人文章震动朝野，却只落得主簿一职，未免有些失望，均辞不受。在宋代，官吏拒绝任命是常事，小到县吏，大到宰辅，均可如此。故而，苏轼与苏辙的行为并未引起非议。

后来，听闻仁宗皇帝将于第二年亲自主持制科选拔，苏轼与苏辙便分别找到大学士欧阳修和当朝重臣杨畋，经他们举荐，得以参加考试。制科不同于常规举行的贡举，是由皇帝临时设置，通常不重文采，而重在政治眼光。应试制科，必须经大臣举荐，并由六名考官先行考察后，才准予参加御试。

苏轼为这次的制科考试准备了五十篇文章，可见他在眉山丁忧期间并未闲着。当然，文章是一回事，仕途是另一回事。文章写得好，可以入仕途，却难保仕途一帆风顺。许多时候，情形或许刚好相反。好文章总是关乎性情，仕途通畅则注定要压抑性情。苏轼的恩师欧阳修是深知仕途险恶的人，但对年轻的苏轼，他无法讲得太多，他也无意干预这个大才子的成长过程。

从个人追求来说，才子苏轼想做个政治家，这是显而易见的。他和屈原、杜甫原属同一种类型，首先为天下苍生计，其次才是展示文学才华。“致君尧舜”是前提，然后才是“语不惊人死不休”。中国古代的文人，属于这种类型的不少，不像近现代，文人渐渐变成了一种专门的职业。

苏轼若想在政治上有所成就，制科考试对他尤其重要：制科出身，其荣耀又倍于进士及第。为了全身心备考，苏轼与弟弟苏辙从家中搬了出来，到怀远驿中居住。怀远驿是官署，专门为进贡使节准备，环境清幽静谧。觅得如此场所，兄弟二人便一心苦读，对一切身外之事皆不关注，即使一日三餐也不甚上心，每顿只是一撮盐、一碟生萝卜、一碗白米饭，也食之甚美，不觉艰苦。

兄弟俩每日读书备考，探讨诗文，研究时局形态，他们仿佛回到童年时相伴读书的场景之中，回到多年之前在京城备考进士的氛围之中，一切都是那样简单、美好而又充满希望。因而，两兄弟倍加珍惜此段光景。事实上，在怀远驿的时光，的确是两兄弟此后难得拥有的亲密相处的机会。在此之后，他们各自为官，相距遥远，即使后来同在京城短暂任职，也因各有家室，再加公务缠身，而不能如现在这般同榻共眠、朝夕相处了。

苏轼与苏辙在怀远驿相伴苦读，差不多有一年之久。眼看大考将至，自小就体弱的苏辙偏又生大病。突发事变，令苏洵和苏轼都极为忧虑，甚至苏辙本人也哀叹时运不济，觉得以自己目前的健康状况定是无法参加考试了，先前所有的努力似乎都徒然。幸好，宰相韩琦听闻消息，马上向皇帝禀明情况，称苏家兄弟才华过人，即使有一人不能参加制科考试，都将是朝廷的损失。仁宗皇帝爱才心切，遂下令延期二十天。

风波既过，苏家兄弟在众士子的羡慕中，按时参加考试。制科考试极为严格，难度也非常大，因而应试者很少，通过的人更少。但对苏轼来说，一切都是手到擒来。他在皇帝的御座前，写下五千字的文章，又直接面试，对答如流。仁宗皇帝显然被英气逼人的苏轼给吸引住了，无论看文章，还是观书法，始终兴致盎然。最终，苏轼以一篇《御试制科策》入三等。这对应试者来说，是极大的荣誉，因为这实际上是第一名。自宋开国以来，制科一二等皆为虚设，实际最高等级为第三等，接下来是第三次等、第四等、第四次等。而在苏轼之前，宋朝仅有吴育一人得过第三次等。苏轼位列三等，在有宋一朝，实乃前无古人。

得此消息，欧阳修也非常激动，在写给别人的信中，连呼此为当朝之“盛事”。不过，值得一提的不仅是苏轼又一次排名第一，而是他在文章中提出的政治主张。这个年轻人显然目光敏锐，且壮怀激烈，语出惊人。在他看来，仁宗朝“名为治平无事，而其实有不测之忧”，这是对皇帝不客气的批评。甚至，苏轼还指责后宫花销太大，而仁宗本人勤政不足。

虽然苏轼批评朝政的尖锐言词实在不大好听，但仁宗皇帝并未介意。据曹皇后回忆，仁宗当天回后宫，对曹皇后感慨说：“吾今日又为子孙得太平宰相两人。”

两位“太平宰相”，一位指二十五岁的苏轼，另一位指二十二岁的苏辙。

经此制科，两兄弟的名声进一步传播，比之前初到京师所引起的轰动更为强烈。此外，苏洵也在京城获得官职，更为此事锦上添花。一时间，人人传颂苏家的盛事。苏家在西岗租的宅院也热闹起来，人们纷至沓来，有的前来一睹奇人风采，有的来请教文章写法，有的来拜苏洵为师，有的来传抄新作。他们的文章风格也成了考生的典范，京城民谣说：“苏文熟，吃羊肉；苏文生，吃菜羹！”

仕途是肉眼可见的美好，苏轼也开始为苏家的生活打点起来。他新购了一处宅院，称为“南园”。苏家新迁至此，在京城总算真正安顿下来。此处宅院不大，但内有花园，堂前种花，堂后植树，胜在清幽雅致。苏洵又在庭院前凿一花池，更为宅院添了曲水流觞之美。

不久，朝廷公文下来，苏轼以京官大理评事的身份出任凤翔（今陕西凤翔）签判，任期三年，有签署公文和断案的权力。

从二十岁进京赶考，至今五年已过，苏轼功名之路的开启一波三折，至此算是尘埃落定。然而，年纪轻轻的苏轼名震京师，却也不是人人都为他叫好。其中，王安石就不喜欢苏轼带有策士气息的文风。他甚至公开对人说："如果我是考官，我就不取他。"

王安石时任翰林学士知制诰，负责为皇帝起草诏令。因为对苏轼与苏辙兄弟的能力颇有怀疑，甚至连朝廷对苏辙的任命书也不肯写。于是，此事便耽搁下来。北宋这个现象也是颇为奇特。

第二章
入仕方知行路难

初仕凤翔

苏轼被任命为凤翔签判时，苏辙的任命却迟迟未下。又过了一些时日，朝廷的诏书才正式下达，苏辙为商州推官。然而，因苏洵奉命在京修礼书，苏辙便奏请留京侍奉。

一切尘埃落定，苏轼也整装出发。嘉祐六年（1061）冬天，苏轼带着妻子王弗和不满三岁的儿子苏迈，启程前往自己的任地。

苏轼到陕西凤翔做签判，苏辙一路护送，一直送到郑州，仍是依依不舍，不愿离去。过去的二十多年，兄弟两人朝夕相伴，互相扶持，已然习惯了。面对人生中第一次别离，尽管两人早已做好思想准备，心中也明白离别是为了成就更好的人生，但分离就在眼前，他们还是无法抑制心中的不舍之情。

苏轼和苏辙兄弟情深，在他们各自的诗文中也能找出许多印证。苏轼曾说："岂独为吾弟，要是贤友生。"而在苏轼去世后，苏辙在写给兄长的墓志铭中则提到："抚我则兄，诲我则师。"无论苏轼一生历经多少荣耀和低谷，又如何在波折中前进，在苏辙眼里，他始终是自己的榜样，是自己最敬爱的兄长。

所以，尽管天寒地冻，而苏辙形体单薄，他依然从汴梁一路跟到郑州，希望多些时间陪伴兄长。然而，看着弟弟瘦弱的身躯，苏轼心疼不已，几次催促弟弟策马返程。终于，寒风之中的苏辙，离苏轼越来越远，身影也渐渐模糊……

与弟弟分开之后，苏轼继续前行，来到渑池。多年之前，苏轼和苏辙进京赶考时，曾经路过这里。当时，他们在寺庙中借宿，得到住持奉闲老和尚的热情接待。临别之际，兄弟二人曾题字留念。如今，苏轼故地重游，原想拜访奉闲，但当他踏进寺庙之中，却被告知奉闲已经去世，而往日的题诗也因墙皮剥落，早已无踪无影。

物是人非，再加思念弟弟，苏轼心中不由得生出万千感慨，挥毫写下《和子由渑池怀旧》：

人生到处知何似？应似飞鸿踏雪泥。
泥上偶然留指爪，鸿飞那复计东西？
老僧已死成新塔，坏壁无由见旧题。
往日崎岖还记否？路长人困蹇驴嘶。

苏轼自进京赶考，到如今去凤翔任职，几年里，行路万里，途经几十县。他有时到一个地方，有时又到别处，来来往往，在广袤的天地间留下了一些痕迹。但是，在他心里，这却像随处乱飞的鸿鹄，偶然在某处的雪地上停留一样。鸿鹄在雪地上留下爪印，或许原本就没有定数。

渑池寺院内的老和尚奉闲已经去世多年，留下的只有一座安放骨灰的新塔，而当年题字的墙壁也破败了，苏轼再也没有机会一观往日的笔迹。他回想往事，情不自禁地想要和弟弟分享那些关于过往的记忆："子由啊，你还记得当年我们一起前往渑池的崎岖旅程吗？那个时候，路途遥远，你和我走得都很疲劳，驴子也累得发出嘶鸣的声音。"

这首诗虽有感伤之情，却也动荡明快，在苏轼早期的诗作中，可以说是最好的一首。前四句以雪泥鸿爪比喻人生，把人生看作漫长而又充满变化的征途；后四句照应渑池的"怀旧"诗题，以叙事之笔，深化雪泥鸿爪的感触。漂泊在外的人，读着它会生出相似的感慨。

意气风发的苏轼，因着渑池的际遇，发出许多慨叹。然而，前路漫漫，命运无常，人在其中尽管渺小，却也只能不断地去探索、去体味。

苏轼离开渑池，继续前往凤翔。凤翔为边防重镇，是大宋与西夏的交界处，曾因西夏频繁入侵，遭到巨大破坏。苏轼这一路行来，可谓看尽民间疾苦。他目之所及，荒地连绵，村落破败，行人稀疏。这番凄凉的景象，令苏轼内心隐隐作痛。他下定决心，等自己上任，一定要尽职尽责，为百姓做实事，减轻百姓之痛。

年轻的苏轼雄心勃勃，立志要改变民生凋敝的现状。然而，他此时尚未意识到大宋已积重难返。地方官吏爱民尽责固然重要，但北宋的政治制度本身存在着许多弊病，而且日益严重。到了此时，好的地方官吏也只能局部性地缓解矛盾，而不能从根本上解决问题。此时的大宋，仅凭苏轼的一腔热血和一己之力，很难逆转时代的洪流。

十二月十四日，苏轼历时近一月，抵达凤翔任所。此时，正赶上新年假期，他便先在官舍安家，与妻子王弗安心整理家当。按照当时的官制，他们在此地的时间只有三年，但这里是属于他们自己的小天地，感情自是不言而喻。夫妻二人在院落里栽下许多树木，又引池水养鱼，如此一番收拾，虽然官舍依然没有华美的装饰，但院里院外，到处都是清幽的景象。

生活安排妥当以后，苏轼很快投入到工作中。他任职的签判，掌管两大日常事务：一是核判五曹文书，二是保障皇家用木的供应和集运粮米。

凤翔府负责的皇家用木，主要是砍伐终南山的优质木材，编成木筏，由渭水入黄河，运到京师，供皇家建造之用。然而，此段路程要经三门峡砥柱之险，因而常有木材于途中运丢。

按照规定，运送木材的差役如果不慎丢失官府物资，必须以家财赔偿。承担此事的差役，往往因此倾家荡产，痛苦不堪。

苏轼了解到事实后，立即向上级反映这一情况，认为这一差役制“破荡民业，忽如春冰”，希望引起朝廷的重视。同时，他又亲自调查走访，实地考察，希望找出问题的解决办法。

经过广泛征集意见，他了解到，只要合理安排木材的运送时间，即趁着渭水、黄河未涨水之前放入木筏，木筏的丢失便可以大大避免。

苏轼进行试验后，发现此法的确可行，便禀明上司，修改衙门的规定，让服役的差役每次运送木材之前仔细考察水情，自行决定运送时间，待报官府核准后便可实施。苏轼此举，降低了木材的损失率，差役的负担也大为减轻。

苏轼初到凤翔，直属上级为凤翔知州宋选。此人德高望重，为政勤勉，性格温厚。苏轼作为宋选的副手，不仅与宋选沟通顺畅、配合得宜，也从宋选身上学到许多可贵的为官之道，比如从小事着手的务实精神。这种为官精神，在苏轼以后多次担任地方长官的历程中，都发挥了很大的功效，正是在这种精神的激励之下，苏轼做了许多造福百姓的实事。

然而，苏轼与宋选搭档，并不长久。嘉祐八年（1063）正月，苏轼到凤翔不到一年，苏轼的上级便出现调动，陈希亮成为凤翔新知州。

陈希亮，字公弼，原为眉山青神县人，是苏轼妻子王弗的同乡。此人与苏洵也属旧交，按常理，应该照顾苏轼才是，但他对苏轼却严格得不近情理。他个子小，眼睛有点儿斜视，训斥部属却声音极大，动不动就暴跳如雷，部下都很怕他。

苏轼在自己的职权范围内做了几件事，受到百姓称颂，衙门里的同僚也亲切地称他“苏贤良”。然而，陈希亮发布命令：谁也不许叫苏轼为苏贤良。二十七岁的苏轼为此很不高兴，心想：“皇帝都对我客气呢，这怪老头儿却压制我，横挑鼻子竖挑眼，好像在担心我的才干盖过知州的政绩。”有小吏在私下依然叫着苏贤良，结果陈希亮眼力不济，耳朵却很灵敏，抓过小吏便用鞭子猛抽。苏轼宅心仁厚，听见小吏声声惨叫，忍无可忍，便要夺下陈希亮的鞭子，双方闹得很不愉快。

因为此事，苏轼郁闷良久，到中秋节也不去府衙参加例行宴席，结果被罚铜八斤。古代钱币分金、银、铜，八斤铜不是小数目。苏轼知道这些处罚规矩，但他就是不愿意前往。最后，罚金还是由王弗带人送到知府。她回家后，便开始软语劝解苏轼。据她观察，老知州也是一位好人，把凤翔十个县都治理得井井有条。王弗推测，老知州也许是故意对苏轼严厉。

但年轻气盛的苏轼听不进去，在和陈希亮共事的两年，始终拧着。

王弗是一位好妻子，她深知用什么方式劝丈夫，也总是以温柔的慧眼看人看事，尽量弥补丈夫的性格缺陷。事后证明，她对老知州的猜测是正确的。陈希亮为官几十年，在训练年轻人才方面有一套行之有效的方法。但他和苏轼一样性格倔强，两年中从未向苏轼作过任何解释。后来，他因收受其他地方官送来的好酒而下狱，一世清名毁于几个酒坛子，气死在狱中。

陈希亮去世时，苏轼已经有了不少官场体验，他回忆起老知州，明白了王弗的那些话语，在《陈公弼传》中怅然写道：

> 轼官于凤翔，实从公二年。方是时，年少气盛，愚不更事，屡与公争议，至形于颜色，已而悔之。

寒士的忧与思

苏轼在凤翔待了三年，作为副手，他并无显赫政绩。但他依然脚踏实地，恪尽职守，关心百姓疾苦，用自己最真诚的心与民同在。

凤翔天灾严重，要么洪水滔滔，要么久旱不雨。苏轼到凤翔的第二年，便遇大旱。两个月不见一滴雨，地里的庄稼几近枯死。面对旱情，人们束手无策。无奈之下，苏轼率众祈雨，每日望着艳阳晴天，虔心烧香叩拜——这是科技不发达时代的非常方法。也许是虔诚感动上天，待到三月，终于有了点儿雨水，但不足以缓解干渴。暮春的雨，断断续续地滴落，大家也只能小心翼翼地期盼着。终于，有一天夜里，雨忽然变大了，并且接连下了三天。凤翔人这才欢呼雀跃，额手相庆。田中麦禾有望生长了，而颗粒无收、食不果腹的担忧也将随之缓解。

苏轼高兴万分，将新建成的一座亭子命名为“喜雨亭”，以示庆贺。“亭以雨名，志喜也。”同时，苏轼挥笔写下了著名的《喜雨亭记》，其以简练的笔法描写了凤翔各个阶层的人们久旱逢雨的欣喜：“官吏相与庆于庭，商贾相与歌于市，农夫相与忭于野。忧者以喜，病者以愈，而吾亭适成。”

从一开始，即仕途第一站，苏轼的眼睛就始终关注民间。凤翔穷人多，衣不蔽体的流浪汉随处可见。他们为何如此穷困？苏轼不断思索，希望找出答案。

凤翔城外有个李姓地主，其庄园富丽堂皇之程度，在整个关中都极为少见。地主庄园的豪华，归根结底，是土地兼并的结果。

北宋自立国以来，沿袭唐末五代的两税法，将土地和人口进行分割，人口并未被束缚在土地上，同时朝廷允许土地买卖，这致使土地兼并十分严重。到仁宗时期，甚至越演越烈。特别是在灾年，百姓颗粒无收，无法维持生活，只好将仅有的土地卖给地主，以换取微薄的物资。而灾年频仍，实力雄厚的地主就大肆吞并土地。

日积月累，大量平民百姓家徒四壁、流离失所，而地主却富甲一方、堆金积玉，动辄就重金打造豪华庄园，建造亭台楼阁，以供享乐。

美轮美奂的庄园，巧夺天工的亭榭，到苏轼眼里却变了味，它是以千家的破败作为代价的。在凤翔，苏轼看见李姓地主的华屋美宅，不禁大发感慨，在《李氏园》中写道：

当时夺民田，失业安敢哭？
谁家美园圃，籍没不容赎。
此亭破千家，郁郁城之麓。

唐代杜甫见到百姓之苦，曾发出“朱门酒肉臭，路有冻死骨”的悲叹。在关心民生疾苦方面，苏轼与杜甫乃是一脉相承。

苏轼的这种“民间精神”非常宝贵，而且他自始至终都是如此。后人敬佩苏轼，很大程度上就取决于这种高远的精神追求，而才华反而是其次的。如果苏轼一到凤翔就同李姓地主打得火热，写帮闲文章，赞美地主的庄园华美，颂扬地主的生活闲适而优雅，以此讨来金银珠宝，那么，无论他的文章写得如何惊天地泣鬼神，他在人们心中也不过是宵小之流。

苏轼到凤翔，盯上了李家花园，横竖看它不顺眼，便挥毫写诗，揭露讽刺。虽然一首诗奈何不了大地主，却显示了一种立场，一种对中国知识分子来说不可缺的立场。作家当有大视野、大感觉，而不能局限于追名逐利之中。即使在今天，此诗的意义也不言自明。

苏轼在凤翔的公务其实不算繁忙，闲暇之余，他便到各地走动，观山看水。古人对天地山水，对历史人文，有极大的虔诚和浓厚的兴趣，完全不同于现代意义上的浮光掠影的旅游，而多为寻幽访胜、抒发情怀之举。苏轼行于天地山水之间，更是如此。

凤翔境内有终南山脉，山中多庙宇，寻僧访道是苏轼的一大乐趣。有一座开元寺，寺中多佛教题材的古画，苏轼往往匹马而入，一看就是一整天，待日落时分方策马返回。他一个人在山林中穿行，身影在草木之间时隐时现。他沉浸于古画，无论是王维的画，还是吴道子的画，都能引发他浮想万端，由古画及于人事，由人事及于自然。落日的霞光照着他的脸庞，也照着他如云去风来般的身姿。这副形象，单论外在已令人感动，更遑论其意境。

除了观山看水，苏轼在凤翔也新交了两个朋友：一是陈慥，另一个是章惇。

陈慥与苏轼性情极为不同，他是美姬环绕的酒徒，是拔剑四顾的侠客。但陈慥经常挨打，有时在大街上也被打得抱头鼠窜。谁敢打剑客呢？当然是陈慥的父亲陈希亮，苏轼的上级。

老知州乃军人出身，心里一直认为终日沉溺美色的小儿子陈慥没有出息，因而手中的鞭子动不动就挥向身背宝剑的陈慥。可怜这位陈大侠行走江湖时呼风唤雨，挨打却上了瘾，年轻时被父亲教训，后来成家，复被老婆柳氏追打。此事流传极广，甚至苏轼也作诗打趣："忽闻河东狮子吼，拄杖落手心茫然。"

苏轼向来和陈慥的父亲陈希亮不合，但却和陈希亮眼中的不争气儿子，处得极好。苏轼一见到陈慥就乐得直笑，他觉得陈慥给人的反差实在太大了。不过，陈慥的内心特别重义气，是剑术拙劣的真正侠客。或许，正是因为陈慥身上体现出来的义，苏轼才与他成为朋友。

苏轼在凤翔遇到的另一位朋友是章惇。此人说是苏轼的朋友，但从后来发生的事情来看，却是一个对朋友拔刀相向之人。

苏轼一生中遇到的坏朋友并不多。有些人从结果来看是坏的，但初衷不坏，譬如王安石。有些人则总是抱着损人利己的目的做事，无论结果如何，这些人都是坏的，比如章惇。

章惇，字子厚，和苏轼为同科进士。此时的章惇，文武双修，博学善文，尚未暴露出坏人的本质。章惇任职于商州，与苏轼任职的凤翔相邻。"二人相得甚欢，同游南山诸寺。"这是苏轼与章惇初次见面时的情形。好人遇上坏人，有时也能一见如故，因为坏人种类繁多，有些坏人甚至能让人一见倾心。

章惇身上有某种吸引苏轼的东西。此人身材高大，声如洪钟，一看就不像泛泛之辈。有一次，苏轼和章惇策马游山，碰上一只猛虎，坐骑惊嘶，苏轼吓得冷汗涔涔，欲掉转马头。但章惇示意苏轼不要担忧，接着迎向猛虎。虎在几十步之外，奇怪地望着，对章惇的举动疑惑不解。待章惇跳下马来，虎还是不动。紧接着，章惇突然举起手中铜锣向石上猛掼，顿时锣声大作，老虎受到惊吓，转身便逃……

章惇智退猛虎，苏轼情不自禁要高看他，逢人便说商州令不是凡人，很有冒险精神。章惇身上的力量感，是苏轼不曾拥有的，所以他很欣赏。二人一度过从甚密，时常相约游山。苏轼欣赏山中景致，吟咏或是沉思，章惇则借山势进一步显示自己的胆量。

有个叫仙游潭的地方，下临绝壁万仞，只有一根横木架桥，凡人皆不敢踏足。章惇欲推苏轼过潭，在绝壁上留下墨迹，苏轼连称不敢。于是，章惇自己迈步走过独木桥，用绳索系于树上，然后像猴子似的跳来跳去。不多时，他便在石壁上留下六个大字：章惇苏轼来游。写完后，他返身再过独木桥，仍是神色不变。

苏轼抵其背曰："尔日后能杀人。"

章惇曰："何也？"

苏轼曰："能自拼命者能杀人也。"

章惇大笑。

章惇不惧猛虎，堪称勇士。但他视生命如同儿戏，却是不妥。苏轼对于人性洞察幽微，在当日已看出章惇将来可能会迫害他人，但他并未多作揣测，只是拍拍章惇的背。

苏轼万万没想到，章惇日后举刀相向，要加害的人正是他自己。

十年生死两茫茫

时间如白驹过隙，苏轼在凤翔任职期满，于英宗治平二年（1065）回京。

英宗未继位时，久闻苏轼大名，此时想诏苏轼入翰林院，授知制诰（起草诏令）。这一职位相当于皇帝的机要秘书，不仅可以长期待在皇帝身边，还有权参与朝廷的重大决策，位显而权重。更重要的是，宋朝历届宰相有许多是从这个职位上提拔的。

皇帝要破格提拔苏轼，宰相韩琦率先提出反对。他认为苏轼太过年轻，拔之过高，难服众议。对初登皇位的英宗来说，老宰相的意见无疑是重要的，于是破格提拔苏轼的计划暂时搁置。但英宗爱才，又想让苏轼修起居注（记录皇帝言行）。然而，韩琦亦认为不可，理由是修起居注与知制诰差异不大。

韩琦建议，朝廷应按规定进行考试，授予苏轼馆阁的职位。所谓馆阁，指集贤院、史馆、昭文馆，三馆主要负责校对书籍、编修国史、管理图书等。馆阁的职位有四等，最高为修撰，其次为直馆，再次为校理，最次为校勘、检讨等。

馆阁之职，最重文才，因而要获此职，必须经过文论考试。二月，苏轼循例参加馆阁考试，凭借两篇文论，以最高的“三等”入选，“得直史馆”。这个工作的主要职责是编修国史，这使他有机会接触宫中收藏的珍本、手稿和名画。

苏轼这次回京，未能在仕途上大展宏图，但直史馆虽无实权，却也是文人向往的清要之职。苏轼大可以从中找到诗文、史学之趣，再加上能够和父亲、弟弟团聚，生活当是富足美满。

然而，人生之大不幸却突然降临到苏轼身上。这一年的五月二十八日，苏轼的爱妻王弗病故，时年二十六岁。而他们的儿子苏迈，尚不满七岁。

王弗乃眉山乡贡进士王方之女，品性纯良，兰质蕙心，于十五岁嫁给十八岁的苏轼。十多年间，夫妻二人情深意笃。她刚嫁到苏家时，正值苏家经济最为困难的时候，但她从无怨言，勤勉孝顺，深得全家喜爱。

作为妻子，王弗不仅全面照顾苏轼的生活起居，同时她也是苏轼在诗文和为人处世方面的贤内助。苏轼年轻时背书，偶有遗忘，王弗便在旁边提醒。每每这时，夫妻二人便相视而笑，苏轼的读书时光因而增添了许多欢乐。

苏轼到凤翔任职，王弗跟随而去。苏轼心无城府，性格直爽，对人无论亲疏都会真心相待，吐以肺腑之言，而遇到不喜之人、不喜之事，又从不加以掩饰，常常喜怒形于色。因此，王弗总是特别留意苏轼的日常行事，以免苏轼有所失误，被有心之人利用或者伤害。心思缜密的王弗和自然率真的苏轼，形成了鲜明的对比，但也相得益彰，互为弥补。

如此完美的佳侣良伴，却在年纪轻轻时就离开了人世。生有限，死无常，苏轼悲痛而又惶恐，对命运之神的安排一片茫然。

六月初六，在苏洵的定夺之下，苏家将王弗的灵柩暂时停放在汴京西郊，准备日后选择合适的时间再扶柩还乡，安葬于苏轼的母亲程氏的墓地之旁。

生活的考验远未停止。王弗去世不到一年，即治平三年（1066）四月，苏洵又病殁于京城，享年五十七岁。当时，苏洵参与编写的《礼书》刚刚完成，而独自撰写的《易传》尚未写完。在他临终之际，苏轼、苏辙含泪表示，会继承父志。

短短几年时间，苏轼的母亲、妻子、父亲相继西去，疼爱他、理解他的人从他身边逐渐消失了。死亡，对苏轼的照面方式竟是如此残酷！

苏洵去世的消息传至朝野，惜才人士无不惋惜。宋英宗赠银一百两、绢一百匹，宰相韩琦、副相欧阳修各赠银三百两，其他官员所赠不一。苏轼皆辞不受，只请求英宗给父亲追授官爵，以了父亲心愿。英宗准奏，诰封苏洵为光禄寺丞，并下令以官船运其灵柩回乡安葬。

苏轼葬父亲和妻子于眉山之东，即今天的苏坟山。苏洵和夫人程氏，以及苏轼的夫人王弗均葬于此。青山绕陵墓，万松伴英灵。苏轼丁忧近三年，手栽松苗三万棵。他带着年幼的孩子常常待在那儿，躬身栽树培土，仰望蓝天白云。

王弗墓前的清风如泣如诉，仿佛述说着她的幽怨：她与苏轼，欢娱太少。而欢乐的时光也总是过得太快，十年一晃而过，他们只能阴阳两隔……

此后，去世的王弗频频走入苏轼的梦中，似乎要补上夫妻恩爱的好时光。苏轼总是细腻回应她，唯恐不够呵护。当又一个十年到来，苏轼那时任密州知州，现实凌乱艰难，梦里却常有柔情缠绕，令人难以割舍时却又戛然而止。梦醒后的苏轼，听着窗外凄厉的北风，深陷在无可奈何的情绪中，心情难以平复，于是披衣下床，提笔写下一首深情凄婉的《江城子·乙卯正月二十日夜记梦》：

十年生死两茫茫。不思量，自难忘。千里孤坟，无处话凄凉。纵使相逢应不识，尘满面，鬓如霜。

夜来幽梦忽还乡，小轩窗，正梳妆。相顾无言，惟有泪千行。料得年年肠断处：明月夜，短松冈。

阴阳隔天地，相爱至深的男女永无消息，这是人类永恒的绝望之一。想念亡人越深切，越能"触摸"到这种绝望。

苏轼对王弗的怀念，是不知不觉的，是倏然而至的——这更接近怀念的本质。他事先并无一个计划，要在亡妻的十年忌为她写点儿什么。伟大的艺术品，好像都跟意志没有关系。感觉慢慢积聚，便自发地寻到了喷发点：这个谜一般的漫长过程也许正好是艺术吸引人的奥秘所在。

苏轼此刻便提纯了普通人的深切感受。《江城子》语句平实，对应了日常生活的场景，短短七十个字说尽无穷思念，浓郁的哀伤，也展现出了苏轼和王弗之间凄婉而美丽的爱情：

熙宁八年（1075），苏轼和王弗生死别离已经十年。这十年里，苏轼有了新的夫人为他穿针引线，也有心灵相通的妾侍陪他踏雪寻梅，似乎王弗已经很遥远了。然而，即使苏轼不去刻意地想念王弗，可在心底的最深处，终究难以忘怀。曾经，王弗总是陪伴在他身边，听他吟诗，为他解忧。如今，一切都如烟似雾，只剩千里之外的那座孤坟。十年里，他满腹悲凉，却终究无法向王弗倾诉。王弗离开时，他是意气风发的青年，而今他已灰尘满面，两鬓如霜。他担心，纵然夫妻相逢，恐怕王弗也认不出他了。

寂静的夜里，苏轼在梦中又回到眉山。在他和王弗曾经共同生活的小屋窗口，他仿佛看见王弗正在梳妆打扮。但如今，再也没有欢笑萦绕耳旁，二人默默相对，惨然不语，只洒下千行清泪。或许，以后他每年魂牵梦绕的地方，都会在月影斑驳、松枝摇曳的山冈……

苏轼这首《江城子》，自问世至今，打动过多少人，没人作过统计。但几千年来，世代传颂不绝，足见其影响之广。甚至可以说，在悼念亡人的作品中，再没有比这更哀婉、更感人至深的声音了。

医国手王安石

苏轼在家乡丁父忧期满之时，他依照父亲在世时的约定，为自己办理了人生中的一件大事：迎娶亡妻的堂妹王闰之。

此时，王闰之二十岁，但她十年前就与苏轼结识。当年，苏轼回乡为母亲守制，常和王弗到青神县看望王家亲人，闲聊生活趣事。或许此间，谈吐风趣、出口成章的苏轼在尚是幼女的王闰之心中，便留下了深刻而美好的印象。十年之后，已然成年的王闰之如愿嫁给了心仪已久的如意郎君。

既已完婚，苏轼决定回到京师。这次和前两次不一样，他和弟弟苏辙变卖了眉山的所有家产，开始漫长的“宦游”生活。临行之前，家乡父老前来话别，祝愿两兄弟前程似锦，待他日飞黄腾达，定要还乡看望。然而，没有人想到，这竟然是苏轼人生中最后一次亲近这片生他、养他的故土。

熙宁二年（1069），苏轼、苏辙带领家人十余口，从陆路过秦岭、经关中，回到阔别已久的汴京。

汴京城，繁华如旧。行人南来北往，商贩于街道高声叫卖，富家公子优哉游哉……似乎一切都是离开时的模样。但是，敏锐的苏轼还是感觉到了不一样的氛围，像弦在紧绷，又如野马嘶鸣。

苏轼的感觉没有错。京城，依然车水马龙，但一场新旧两党的激烈斗争已悄然拉开帷幕，一场北宋历史上罕见的政治风暴正在酝酿着。

北宋王朝到苏轼生活的年代，已逾百年，承平景象仿佛随处可见。词人柳永曾这样描绘当时的城市景观："烟柳画桥，风帘翠幕，参差十万人家。……市列珠玑，户盈罗绮，竞豪奢。"柳永写的是杭州，许多别的城市也可作如是观。诗言志，词为诗余，大抵表达闲情。仁宗朝前后的词人，多是一副优哉游哉的形象，比如张先、欧阳修、晏殊父子。像柳永这种仕途失意的浪荡子，满腹牢骚，尚且把城市描绘得般般入画，可见承平之类不能说全是溢美之词。

然而，承平也是表面现象。大宋面临的问题很多，而最大的问题就来自朝廷："燕乐逾节，赐予无度。""冗官耗于上，冗兵耗于下。"中央财政拮据，又要维持繁荣景象，地方官就大肆搜刮，百姓不堪重负。农民揭竿而起的，前有王小波、李顺，后有宋江、方腊。除了这两次大起义，还有各地的小动乱，苏轼后来在各地为官，就曾多次奉命缉拿"谋反妖贼"。

民乱缘自官乱，一个历时百年的朝代，可谓乱象丛生。首先官制就是大问题，往往一官而有三人：居官的一人，去官的一人，待官的一人。官多职少，所以官员在位时往往抓紧搜刮，作为"闲居仰给之资"。去官的老家伙不时回头观望，待官的年轻人拼命往前挤，如此景况，宋朝的吏治就难免凌乱不堪。当时还贿赂成风，"凡贿赂先至者，朝请而夕得；徒手而来者，终年而不获……举天下一毫之事，非金钱无以行之"。

朝廷内部问题成堆，边患又雪上加霜。柳永的一句“有三秋桂子，十里荷花”，就惹得西夏国主要挥师南下。宋朝自真宗皇帝以来，对契丹和西夏的侵扰采取消极防御的政策，动辄进献财物，以求边境安宁。几十年渐成惯例，这加重了宋王朝的财政危机。王安石在《上仁宗皇帝言事书》中说：“内顾则不能无以社稷为忧，外则不能无惧于夷狄。天下之财力日以困穷，而风俗日以衰坏。四方有志之士，然常恐天下之久不安。”

对于时局，苏轼洞若观火。他于服丧期间写了大量政论文章，思考很深入。他在《策略第一》中以比喻的手法，指出朝廷像个病人：“其言语饮食、起居动作，固无以异于常人，此庸医之所以为无足忧，而扁鹊、仓公之所以望而惊也！”

国家像个病人，那么谁是医国手呢？

临川人王安石扛起了这个大任，因而也成为古代文人直接影响历史走向的代表人物。

王安石，字介甫，晚年封荆国公，朝野尊称他为荆公。这是北宋的一个奇人，他年长苏轼十五岁，当苏轼于凤翔任签判时，他已经做到翰林学士兼地方长官。他政绩显著，基层经验丰富，一心想把基层的成功经验推广到全国。

王安石善于等机会，更善于制造机会。凡为政治家，这是必备的素质。宋仁宗屡次召他进京，他拒绝，有一次躲圣旨竟然躲进了厕所。他的目光很犀利，对仁宗皇帝了如指掌。范仲淹、欧阳修等人发起的著名的“庆历新政”，不到一年就收场了。这说明什么呢？说明仁宗老了，不想对国家动大手术。仁宗之后的英宗，身体状况不佳，也缺乏意志力，由曹太后权同听政。英宗在位三年，王安石“按兵不动”。他辞官，但越辞，声望越大。治平四年（1067），英宗从政治舞台上神秘地消失了。接着，神宗继位，改元熙宁。这个好学的年轻皇帝身强体壮，意志力远胜于诸皇子，并且越过前朝，直追宋太祖赵匡胤。

王安石要等待的，就是这样的皇帝。

所谓历史奇人，一定是目光长远，能看到未来几十年。如果他看清了、看准了，整个国家的几代人都会受惠于他。反之，则麻烦大了。

同王安石一样，苏轼也主张变革，他曾对宋仁宗说：“名为治平无事，而其实有不测之忧。”

苏轼说出了有良知的士大夫的普遍隐忧。

宋朝立国百年，表面上维持着繁荣，其实危机四伏。唐帝国盛极而衰，北宋士大夫对此高度敏感。然而日趋庞大的官僚阶层糜烂成习，消耗着国家财政，吞噬着庶民血汗；又养着近百万只能维护皇权统治而不能戍边御敌的军队，区区西夏小国，连年袭扰甘陕，令大宋几代皇帝忧心忡忡。朝廷每年输金求和，虽有益于大局，却使军队的斗志大打折扣。

冗官，冗兵，这两项巨大的开销令国家财政捉襟见肘。官员的特权动不得，这是一个大问题。二十年前，范仲淹的“庆历新政”首先拿官吏开刀，又喊出响彻历史的口号：“先天下之忧而忧，后天下之乐而乐！”他忧什么呢？或许，更多是忧国运不能长久。可是大批官员忧的是官帽和待遇，谁动了他们的帽子和钱袋子，他们是要拼命的。

范仲淹失败了。时隔一代人，变革的声音经久不息。这一次，血气方刚的宋神宗碰上一代奇人王安石，两股力量相加，新法得以骤行天下。两三年间，七八个新法相继出台，且一经出台立马实施，免役法，市易法，均输法，青苗法，方田法，保甲法，保马法，教育法，农田水利法……涉及面之广，力度之大，几乎空前绝后。

然而，本来力倡变革的苏轼，却站到了王安石的对立面。

苏轼反对王安石变法，不是权力之争，更没有涉及私利，而是在如何变革这个问题上产生了争执。苏轼在老家眉山丁忧后回汴京，复任原职于史馆。英宗、神宗都曾想重用他，宰相韩琦几次加以阻止，理由是年轻干才需要历练。为此朝廷有议论，认为韩琦行事过于老成。苏轼倒显得十分豁达，对安慰他的恩师欧阳修说："韩公，乃古所谓君子爱人以德者也。"

苏轼对别人的包容、宽厚，几乎到了无以复加的程度。不过，在原则问题上，他毫不退让。在他看来，王安石的变法有很大的弊端。

王安石推行新法有如暴风骤雨，一个新法未见成效，另一个新法又马上施行。也许汲取了当年范仲淹推行新政不够狠厉而导致守旧势力反扑的教训，王安石的战略是先走极端，然后再来纠正。

变法的总体思路是强化中央财政，与商贾争利，抑制地主豪强。然而，由于变法中操之过急、政策执行不力和用人不当等原因，许多新法并未达到目的，甚至大大损伤了民力和民财，反而成了扰民的举措。

比如市易法。官府在各大城市设"市易务"，用官方资本做买卖，收纳滞销货品，销售短缺物资。权力与资本，两强并举，令商人失去竞争的优势。这固然可以起到平抑物价的作用，在某种程度上也抑制了豪强富贾的势力，但是做着小本经营的商贩受到的伤害却是最大，他们大量破产，失去生活来源，结果大街小巷怨声载道。

再如青苗法。每年青黄不接的时候，官府贷款给农民，半年取二分利。而以往则是贫户向地主借高利贷，利息有半年高达五六分的。青苗法，其初衷不无高明之处：朝廷从地主手中拿走了利益，又使贫困农户免受高利贷的剥削。但新法在全国推行，问题逐渐凸显：地方官吏为了政绩，强行向农民摊派贷款，这叫“抑配”。尽管朝廷明令禁止此种行为，地方却屡禁不止。百姓不分贫富，不管是否愿意，一律要接受政府的放债。为防止贷款流失，地方官又想出一个绝招，使贫富相保，结为利害共同体，贫者有还不起贷款逃走的，拿富户问罪。青苗法实施一年，乡间小道上常有官府的两支队伍——放债队和抓人队，闹得鸡犬不宁。此外，不少地方政府还放利三分，既向上邀功，又趁机向下搜刮。

这些都是新法的设计者始料未及的，而其余各法皆有不同类型的弊端。后人评价熙宁诸法说：“法非不良也，而吏非其人。”

王安石凭借几个州的基层经验，未经较大范围的验证，便把新法骤然推向三百州。或许他觉得，全国官吏的素质都像他和他的部下一样高。

变法之争议

在王安石眼里，后生苏轼是一介文人，在政治上尚不足以指手画脚。

然而，苏轼有自己的基层体验。在凤翔任职签判的三年里，他曾跑遍凤翔的每一个县衙，每一处村落。在老家眉山丁忧时，他对维系生活世界的风俗与道德，做了大量细致的考察，进而得出结论：风俗之厚，道德之淳，对国家的长治久安至关重要。风俗、道德和民心，乃是国家的柔性实力。社会“礼崩乐坏”，道德沦丧，弱肉强食，势利风行，老百姓的生活失去安全感和方向感，惶惶不可终日，国家又怎么能够长期富强？

苏轼以民为本，王安石以国为本，二者矛盾了。

苏轼官小，王安石官大，但小官处处反对大官，弄得大官非常头疼。俗话说人微言轻，苏轼却是典型的官小声音大。这里有三个原因：一是他与欧阳修、范镇、富弼等朝廷重臣往来密切；二是他语言功夫超一流，极富煽动性；三是他能直接给皇帝写信，前后两封长信《上皇帝书》和《再上皇帝书》，言辞异常激烈，充满了火药味儿。

苏轼敢于做斗牛士，狠斗牛形人王安石。他讲究斗争的策略，瞄准进言的时机，是个身形优美而潇洒的斗牛士。

有一天，神宗皇帝突然在便殿召见他，问以国策。他一点儿不客气，当面批评神宗："求治太速，进人太锐，听言太广。"神宗听了很不舒服，却好歹忍住了，温和地说："卿三言，朕当熟思之。凡在阁馆，皆当为朕深思治乱。"

皇帝的单独召见，令苏轼兴奋不已，逢人便讲。王安石听到了，顿时心下不悦，吃饭摔筷子，喝茶吹胡子……

神宗是个奇怪的年轻人，一面大权独揽，一面又想倾听大臣们的意见。毕竟变法事关重大，他和唐宪宗一样，想做中兴之主，重启国运。他有重用苏轼的念头，于是征求王安石的意见，王安石明确表态：不可。神宗只好作罢。龙椅上的年轻皇帝，正是重用王安石变法的关键时刻，不得不对"拗相公"言听计从。

王安石对苏氏兄弟都抱着极大的戒心。他所执掌的变法领导机构"制置三司条例司"，曾用苏辙为检详文字，负责起草一系列新法，但苏辙却屡与他意见相左。终于，双方合作不下去了，苏辙主动辞职。

苏轼、苏辙的政治主张高度一致，或许兄弟始终共命运，价值观的相同可能是首要因素。早年在眉山，他们共读圣贤书，讨论国家大事，有时父亲苏洵也加入进来。"南轩"的书房，常常响起三苏父子激烈争论的声音。

三苏父子，拥有共同的价值体系。苏洵讨厌王安石，视王安石为装模作样、胸中藏有大奸之人。他曾经写过《辨奸论》，在京师流传甚广。现在王安石排斥苏氏兄弟，这里边是否含有报复的情绪？依两人的交往来看，可能性不大。有证据表明，王安石对苏轼的理解与欣赏，超出同时代的其他人。

王安石要干大事，扭转历史的走向，必须清除绊脚石。然而，绊脚石真是太多了，即使他手脚并用，又踢又搬，也力不从心。如果不是绊脚石自己走掉，“拗相公”力气再大，估计也只能干瞪眼。当时，司马光、范纯仁、欧阳修、张方平、富弼、韩琦、范镇等重臣都相继离开了朝廷，这与现代政治格局中的内阁集体辞职非常相似。神宗皇帝哭着挽留，但大臣们去意已决，纷纷请求外放，做地方官去了。司马光在洛阳一待便是十五年，埋头写他的历史巨著《资治通鉴》。他和王安石一样有耐心，都在等待时机，蓄积能量重新跃入活生生的历史进程。

在王安石眼里，苏轼是个古灵精怪的绊脚石，体积不大，却分量极重，搬它费力，踢它脚疼。关键这石头还擅长在京师的地面上四处滚动，发出各种刺耳的声音，对他的变法措施进行指责。

在苏轼眼里，国家是得变，但欲速则不达。苏轼认为，要像白昼不知不觉变成黑夜，而不能从严冬骤然进入酷暑。气温大起大落，肌体承受不了。几百年形成的风俗、道德，几年就要摧毁它，生活将面临前所未有的威胁。青苗法、市易法等，固然在短时间内充实了国库，却令城乡百姓遭殃，他们弃祖业，卖田产，流离失所，家破人亡。

苏轼痛心疾首，在《再上皇帝书》中大义凛然地说：“今日之政，小用则小败，大用则大败！若力行不已，则乱亡随之！”

慷慨激昂的言辞中不难看出书生意气，他似乎在冒着身家性命的危险反对神宗的治国大略。这一年，苏轼三十五岁。论治国，他和王安石高下难以定论。论政治谋略，他远不及从政经验丰富的王安石。但苏轼在洞察社会生活方面，比王安石看得更细更远。

苏轼铁了心跟王安石对着干，于是这块绊脚石，摆到了王安石的眼皮底下。年近半百的王荆公，自然不会暗中放箭。他若是这么干，就枉称荆公了。

然而，王安石不屑做的卑劣之事，小人却乐意至极。此时跳出来的小人，名叫谢景温，几年来在官场苦苦钻营，却进身无计。后来，他思得一计，把自己的妹妹嫁给王安石的弟弟，成功地做上了王安石的姻亲，当上朝臣，然后发挥狗的本事咬上苏轼。他上奏章弹劾，说苏轼三年前送父亲的灵柩回眉山，利用官船沿途贩卖官盐、家具和瓷器。神宗看了奏章，下令调查。这桩弹劾案闹得朝野震动，韩琦、范镇、欧阳修都站出来为苏轼讲话。当初苏洵去世，英宗及大臣们的赠银数目那么大，苏轼一概不受，他犯得着沿途用官船卖私货吗?

案子终于了结，苏轼无罪。审案的过程长达数月，王安石一直不表态。他并不希望一棍子将苏轼打趴下，但这个新法的绊脚石必须挪开。神宗领会了他的意思，下旨说："与知州差遣。"苏轼自从到凤翔任签判以来，已有十年，有资格做知州了。然而，圣旨下达中书省，中书省却改命苏轼为颍州通判。此时的中书省直接听命于王安石，变法的紧要关头，王安石当然不会让苏轼出任地方最高行政长官。神宗的旨意遭驳回，"拗相公"拗到皇帝跟前了。神宗挥朱笔再批："通判杭州。"

杭州为东南第一大州，富庶冠于全国，是王安石"生财"的重地。从神宗的任命来看，他对苏轼还是很有好感的。通判这个位置很有意味，既不是副职，又不是部属，它是宋廷特意为节制、监察知州而设置的官位。看似闲职，不管事，但州府大小公事，须由知州与通判连署方能生效。通判若是弄权，不合作，打小报告，往往会把知州弄得很难堪。知州忌惮通判，是宋朝官场的普遍现象。

杭州通判，在许多官员心中是个美差，但于当时的苏轼来说，却不是最好的归宿。以他当时之声望和资历，原本可以得到更高的职位，原本可以有更广阔的发挥平台。苏轼反对王安石变法，一生的命运都搭进去了。

熙宁四年（1071）七月，苏轼离京赴任，他也将家小携带而去，包括继室王闰之、长子苏迈、次子苏迨，以及乳娘任采莲。

此时，苏辙在陈州担任学官，苏轼便到陈州盘桓七十余天，且时常出入张方平的知州府。十月初，苏轼、苏辙同往颍州拜谒欧阳修，又住了二十几天。张方平和欧阳修这两个老人是三苏父子的大恩人，他们曾因政见不合而反目多年，却能联手把苏轼推上政坛和文坛。北宋士大夫，胸襟开阔者比比皆是。这个历史现象，值得深入思考。

苏轼逗留陈州之时，苏辙很不放心。他话不多，但诸事心中有数，沉稳内敛，不会像哥哥那样由着性子做事。不过，有一件事，他却说不上节制：十余年间，九个儿女相继坠地。他既高兴，又担忧。以他的收入，要养活一大群子女，委实艰难。他住在矮小的房子里，身量又高，“常时低头诵经史，忽然欠伸屋打头”。苏轼便拿他的身高开玩笑。

入夜了，苏辙手执烛台在屋里走来走去，烛光把他的身影投到墙上。他的衣衫有些破旧了，动作也慢腾腾的，单看背影像个老者。他的生活方式也像个老者的风范，讲学回家，通常足不出户，不是诵读经史，就是照料儿女。

苏轼到陈州后，马上改变了苏辙的生活状态，常拉着他到处跑。

他们经常找恩师张方平喝酒。这个奇怪的老头儿，百杯不醉，像个酒仙。张方平也是反对王安石的，不仅反对新政，还讨厌王安石的为人，讨厌他的生活习性。在他看来，王安石是伪君子，欺世盗名，篡取高位。他骂一句王安石，喝一杯酒，仿佛后者是他的下酒菜。苏轼附和着，却不是附和全部，他恨王安石的新政搞得天下鸡犬不宁，却不恨王安石这个人。张方平喝一杯，苏轼虽只吮一口，酒意却悠悠荡开来了。白发老头儿与黑发青年越说越有劲……这时候，苏辙会在嘴上竖一根手指，示意兄长话说多了。苏轼不予理会。酒不能喝痛快，话也不能说痛快吗？

回家的路上，苏辙再难沉默，他劝诫兄长：张方平曾任高官，又即将致仕，说话自然没有后顾之忧，但他们兄弟还在仕途中挣扎，说话应当谨小慎微，切勿口不择言，否则被有心之人利用，容易招致祸患。

此时的苏轼，刚在京城被小人陷害，虽然事情最终真相大白，但他也被变法派借机“逐出”京城，外放地方。仕途风谲云诡，错综复杂，小人又总是伏于暗处，伺机而动，企图抓住蛛丝马迹攻击对方，达到自己的目的。苏辙的担忧不无道理。

然而，心性单纯、待人旷达的苏轼此时并未意识到小人的可怕，面对弟弟的担忧，他只是宽慰弟弟事情没有那么严重。何况，不让他畅所欲言，他岂不是要得了心病？

苏辙了解兄长的性格，知道多说无益，但想到时局艰难，前路未卜，脸色有些黯然。苏轼拍了拍他的肩膀，不复言语。

他们的头顶，是夏秋之交的晴朗夜空，天高，云淡。

多年之后，苏轼多次受到小人责难，在仕途中饱受打击，颠沛流离。那时，他又想起这个夜晚，心中只剩下无限感慨："嗟余寡兄弟，四海一子由。"

第三章

欲把西湖比西子

文人与山水

苏轼刚到杭州，就接到文同写来的一首诗，诗中告诫说："北客若来休问事，西湖虽好莫吟诗。"

文同，字与可，是宋代的大画家，以善画竹闻名于世。苏轼画竹受益于文同不少。文同这两句诗的意思是想让苏轼做哑巴，不仅做哑巴，还得像个文盲。文同认为自己是最了解苏轼的，其实不然。面对西湖这样的美景却不吟诗，苏轼就不是他自己了。

文人见不得美景，一见就诗情涌动。一般人见了美景，赞叹几句就罢了，文人却能摄其精髓。中国古代文人的一大功劳，便是以美感激活了中国山水，使之从一种散漫的状态中剥离开来，提升为固定的审美对象。这所谓固定，并非要扼杀感觉。恰好相反，好的诗句或绘画向来能够激活感觉，它们并不武断。

诗句或画面，通常指向审美的多元和散漫。它们在提升的同时也在做着还原的工作。一切优秀的作品均在此列。萨特阐释凡·高作品的一番话，就说得很好："如果画家给我们看一角田野或一瓶花，他的画幅是通向整个世界的窗户；这条隐没在麦田中的红色小道，我们沿着它走得比凡·高画出来的部分要远得多。我们一直走到另一些麦田之间，另一朵云彩底下，直到投入大海的一条河流；

我们把深沉的大地一直延伸到无穷远……结果是，创造活动通过它产生或重现的几个对象，实际上却以完整地重新把握世界作为它努力的目标。每幅画、每本书都是对存在的整体的一种挽回。”

萨特的这段话十分重要，苏轼的许多词句就说明了好的诗句不仅是对某一风景的把握，更是以此为出发点，通向更为广阔的审美前景。

苏轼到了杭州之后，情不自禁地陶醉在“人间天堂”的湖光山色之中。城南的钱塘江，江水滚滚东流，自成一景，尤其是每年七八月份的钱塘江大潮，气势宏伟，声势浩大，总是引发苏轼对神奇大自然的赞叹。当然，最让苏轼流连忘返的是位于城西的西湖，这里无论雨雪阴晴，无论早霞晚辉，都能变幻成景；而湖畔绿柳成荫，远望则山峦连绵，别有一番风味。

杭州府衙就在西湖南岸的凤凰山麓，深爱西湖风光的苏轼，正好来去便捷。因此，他公务之余，便到西湖边上赏景散心。西湖边有座望湖楼，有时苏轼一个人待在那儿，享受一下摆脱人群的孤独。有时，苏轼会和朋友结伴而来，饮酒畅谈，生活十分惬意！

时值六月的一天，苏轼乘船游览西湖，忽然黑云翻滚，大雨倾盆，暴虐的雨点落入船中。天色骤然生变，苏轼只好放弃游湖，于大雨中登上望湖楼。他凭栏徘徊，情随景动，随口涌出七绝诗篇：

黑云翻墨未遮山，白雨跳珠乱入船。
卷地风来忽吹散，望湖楼下水如天。

这首诗是《六月二十七日望湖楼醉书》组诗中的一首，展示了雨中西湖的奇妙景象。风雨交加的时节，西湖未尝不是别有味道。云集而雨降，风来而天晴，来时迅猛，去时极快。雨后水天一色，分外清新。

暴雨后的西湖令人迷醉，当然，晴天游湖又是不同，云白，天蓝，山青，湖绿。暴雨生跳珠，细雨起涟漪，涟漪接着铺向空蒙的山色。苏轼另一首七绝《饮湖上，初晴后雨二首·其二》，把西湖之美推到了极致：

水光潋滟晴方好，山色空蒙雨亦奇。
欲把西湖比西子，淡妆浓抹总相宜。

苏轼之前，西湖本无定称。郦道元注《水经》，称明圣湖；唐人传说湖中有金牛，称金牛湖；白居易治湖，筑石函泄水，百姓因敬爱他而称石函湖；宋初称放生湖。苏轼此诗一出，西湖、西子湖的称法广为流传，湖的名称便定下了。

这首二十八个字的小诗，准确提炼了西湖的风光：在明媚的阳光照耀下，西湖水波荡漾，光彩熠熠，十分动人。天气渐而转阴，细雨飘洒，远处的群山若有若无，非常奇妙。如果把美丽的西湖比作美人西施，那么淡妆也好，浓妆也罢，总能很好地烘托出她的天生丽质和迷人神韵；而对于西湖，则无论晴天也好，雨天也好，都是景色撩人，意味盎然。

苏轼眼中所见，虽是西湖之美，但美好的事物总是有些可意会而不可言传的相似之处，因而，他自然而然地联想到同样具有韵味的西施。无论是西子之美，还是西湖之美，都不在皮相，而在神韵。

旖旎风光，缱绻诗意，尽在笔下。苏轼的这首小诗，描写的不是一处之景、一时之景，而是对西湖美景的全面描写和概括品评，而语言俏皮，比喻新颖，更显其信手拈来的灵气。清代学者王文诰称此诗是“前无古人，后无来者”的“名篇”。千百年来，这首诗广为流传，成为咏叹西湖的绝唱。

除了在西湖之畔流连，苏轼也喜欢去凤凰山顶的有美堂，这里右瞰西湖，左临钱塘江，视野极佳。苏轼常和朋友们来此宴饮、题咏，远眺秀美湖水和浩渺江波。不过，说到钱塘江，最引人注目的还是观潮盛况。

钱塘江，最早见名于《山海经》，因流经古钱塘县（今杭州）而得名，是吴越文化的主要发源地之一。钱塘江大潮，则不仅是杭州的奇观，更是世界一大奇观。每年金秋时节，钱塘江在天体引力的作用下，加上特殊地形，常常形成特大涌潮。海潮来时，声如雷鸣，排山倒海，蔚为壮观。

钱塘江大潮如此宏伟，杭州人民自是不会错过。在钱塘江观潮的最佳时间，即农历八月十五到八月十八日，人们总是呼朋引伴，倾城而出，聚集在江边，等待盛况来临。在这特殊的时节，杭州官府也大开城门，夜不宵禁，以让人们尽兴观潮。为了增加观潮的娱乐性，数百名训练有素的弄潮儿还会在江边伺机待发。他们年轻力壮，手持大旗，皆欲溯迎而上。对于技巧高超的弄潮儿，他们往往在鲸波万仞中腾身百变，而旗尾却不沾湿。

苏轼向来对雄奇景观情有独钟，对钱塘江的盛况，更是一心向往。观潮之日到来，他便与知州等人一起早早地前往钱塘江。只见潮水席卷之时，浪花直冲云霄，惊涛拍岸，涛声震天，大自然的伟力令人目瞪口呆。苏轼的心中涌起万千豪气，他为此写下了许多关于钱塘江大潮的诗句：“欲识潮头高几许？越山浑在浪花中”（《八月十五日看潮五绝》），“八月十八潮，壮观天下无”（《催试官考较戏作》），“碧山影里小红旗，侬是江南踏浪儿”（《瑞鹧鸪·观潮》）。

钱塘江观潮，尽享自然之浩荡；西湖泛舟，饱含清幽雅致的意味。苏轼在杭州的生活，总能找到自己的平衡点。为了在并不顺利也不满意的官场之外，寻求心灵上的寄托，他也经常漫游在名山古刹之中，寻僧访道，谈禅论法。苏轼徜徉其间，悟出了无数的人生哲思。

山里的高僧，不仅具有大德之慧，也善品茶，但互相不服气。苏轼发明了“三沸水”，老和尚们折服了。泉水、文火煮新茶，一沸水太嫩，三沸水又太老，而妙处在于靠听力和嗅觉把握二沸水。苏轼煮茶，明显技胜一筹，群山诸寺的和尚们甘拜下风。

苏轼酒量小，平生引为憾事，于是专心于茶道。他不仅煎茶、磨茶，甚至还栽种茶树。他的《种茶》一诗就描写了如何让被遗弃的百年老茶树重新焕发生机，正是“移栽白鹤岭，土软春雨后”。一个人爱茶道，自然也爱喝茶。苏轼茶瘾大，一次能饮七盏，相当于今天的品茶客一次喝七碗茶。后来，他在密州的超然台上，犹自怀念杭州品茶的往事，《望江南·超然台作》中有云：“休对故人思故国，且将新火试新茶。诗酒趁年华。”

生活千回百折，苏轼却过成了一首诗。在杭州西面的於潜县，有一座寂照寺，寺内有绿筠轩，其以竹点缀环境，十分幽雅。苏轼曾经到此处寻访，却迷上了这里的竹子。绿竹郁郁葱葱，风一吹过，沙沙作响，令人心旷神怡。

其实，在苏轼的眉山老家，竹子随处可见，但苏轼自从离开家乡后，便再难像儿时一样沉浸在绿竹的环绕之中。此时，他在陌生的地方再见似有儿时光景的竹林，难掩喜爱之情，又引发诸多感想，于是提笔写下了《於潜僧绿筠轩》：

可使食无肉，不可使居无竹。
无肉令人瘦，无竹令人俗。
人瘦尚可肥，俗士不可医。
旁人笑此言："似高还似痴？"
若对此君仍大嚼，世间那有扬州鹤！

於潜僧，指的是於潜的僧人慧觉，他陪同苏轼在寂照寺内探访，也一起到了寺内的绿筠轩。而苏轼在绿筠轩前写的这首诗，看似直白，甚至带有调侃的口吻，但却是苏轼借竹子的意向歌颂风雅之高节，批判物欲之俗人。

在中国传统文化中，竹子因具有枝干挺拔、不惧寒暑、四季常青等特征，被文人赋予刚直、虚心、有节、高雅等精神文化象征。其与梅、兰、菊并称"四君子"，与梅、松并称"岁寒三友"，深受古今文人墨客的喜爱。

苏轼也正是借助了竹子的高节意向，表明他对雅士与俗士的看法：人生在世，最重要的是思想品格和精神境界。一个情操高尚、品行正直的雅士，就如同傲雪凌霜的竹子一样，直道而行，卓然为人；反之，就会汲汲于名利，俗态媚骨。这种人，往往自视高明，但其实俗不可耐，为人所不齿。然而，俗士是不会在意这些的，他们听不进奉劝，改不了秉性，或许一生都会纠缠于世俗之中。

一首小诗，淋漓尽致地展现了苏轼对小人的鄙视和不屑。他早已忘了文同的善意奉劝，依然随心而行，率性题诗。

这便是苏轼，一个率性的文人，一位高节的雅士。

人间天堂，酒食地狱

苏轼在杭州，虽然只是通判，但他名气大、才望高，知州沈立对他也礼让七分。他为人宽厚大度，和僚属也打成一片，僚属几乎每天都踊跃请他喝酒。他酒量有限，但在新结识的朋友面前却还得撑着。再加上他是豪爽之人，很少拒人酒水，别人就误以为他有海量。府吏之间，一时盛传他的豪饮，请他喝酒的人排起了长队。

文人与酒，好像有一种先天联系。然而，对于酒局，苏轼疲于应对。有时候早晨就开始喝酒，太阳升起了，脸也红透了。待落日时分，已经像在滴血。夜里却渐渐泛白，一如杭州城的月亮。第二天，他的脸已一片铅灰，而请他喝酒的人又在敲门。史料载："东坡倅杭，不胜杯酌……乃号杭倅为酒食地狱。"

杭州本是人间天堂，苏轼却称之为酒食地狱，可见酒之于他，的确是个爱恨交加的东西。他病倒了好几回，请他喝酒的人终于少了。盛传他豪饮的人有了新说法：大诗人原来是小酒量。

苏轼之于酒，常常是"把盏为乐"，一辈子欲爱不能。一杯上脸，三杯就似醉非醉。他因此写下了许多关于醉酒的诗，比如《吉祥寺赏牡丹》：

人老簪花不自羞，花应羞上老人头。
醉归扶路人应笑，十里珠帘半上钩。

这首诗写于熙宁五年（1072）五月二十三日，当时苏轼和知州沈立等人一起到吉祥寺僧人守璘的花园中，共赏牡丹，宴饮游乐。苏轼有感而发，写下了这首诗，记叙当时的场景：上了年纪的男子，头戴鲜花，成群结队地走在吉祥寺的牡丹园中，但没有人感到难为情。相反，牡丹花或许会因为被插在老年人的头上而感到娇羞吧。他们赏花饮酒，沉醉归来，引得路人哄笑。十里长街，珠帘上卷，百姓们争相观看走起路来东倒西歪的官吏们，仿佛是一大趣事。

春天赏牡丹，是杭州城除了秋天观潮之外的又一大盛事。每到赏花时节，人们都装扮一新，或邀三五好友，或扶老携幼，踏青观花，游乐嬉戏。在杭州城，要数吉祥寺的牡丹最为引人注目，这里的牡丹品种丰富，待到花开时节，分外动人，因而每年都吸引着全城百姓。苏轼和沈立等官员，也和百姓一样到吉祥寺赏花去了，又不顾形象地簪花、醉酒，极大地拉近了与百姓的距离。

其实，苏轼当时只有三十多岁，虽然他与盛开的牡丹的确不匹配，但他自称老人，却是戏言。在这首诗中，苏轼运用夸张、拟人等修辞手法，将一种轻松、诙谐的氛围渲染出来了。此外，苏轼洒脱的情怀、高超的文学造诣，以及对美好事物和诗意生活的追求，也在这首诗中展露无遗。

苏轼文采出众，又是风华正茂的年纪，在杭州城里宴饮游乐，留下了许多浪漫的故事，为人津津乐道。然而，这些名人轶事，有的真实发生，有的或许只是人们茶余饭后编造的谈资。流传到今日，已无法辨别其真假。不过，今人依然可以从这些传奇中了解苏轼的性情。

杭州最热闹的沙河塘，有个酒楼女子清丽照人。苏轼去看她，向来只是单纯欣赏她楚楚动人的情态，并未以自己的长官身份与她搭话。后来，他发现清丽女子消失了，顿觉惆怅，随手写下了一首七言绝句《戏赠》：

惆怅沙河十里春，一番花老一番新。
小楼依旧斜阳里，不见楼中垂手人。

苏轼在杭州诗兴大发，写了不少佳作。他的大诗人生涯，当从此时算起。而诗兴大发的诱因，除了风光之外，亦与多情的江南女子有关。

有一个流传很广的故事：苏轼与府僚于湖中聚会，群妓毕集，唯秀兰姗姗来迟。问其故，秀兰称其沐浴倦睡，忽闻叩门甚急，乃整妆趋命，不觉稍迟。当时，有府僚属意于秀兰，见其不来，恼恨不已，称她必有私事。秀兰含泪力辩，却也未能让府僚相信。适逢石榴花开，秀兰以一枝献于座中，府僚愈怒，责其不恭。秀兰进退无据，只能低首垂泪。苏轼见状，于是作《贺新郎》，令秀兰歌以送酒，因声容绝妙，府僚大悦，方解其怒。其词云：

乳燕飞华屋，悄无人、桐阴转午，晚凉新浴。手弄生绡白团扇，扇手一时似玉。渐困倚、孤眠清熟。帘外谁来推绣户？

枉教人梦断瑶台曲，又却是，风敲竹。

石榴半吐红巾蹙，待浮花浪蕊都尽，伴君幽独。秾艳一枝细看取，芳心千重似束。又恐被、西风惊绿。若待得君来向此，花前对酒不忍触。共粉泪、两簌簌。

苏轼的《贺新郎》，勾勒了一位妙龄女子怯生生的情态。苏轼作此词，令秀兰唱了，方赢得“府僚大悦”的局面。秀兰不过一介艺妓，苏轼用心如此，足见其怜香惜玉。

这首词是苏轼婉约词的代表作，辞藻华美，情韵缠绵，展现出华屋里的女子孤独、抑郁的情怀。如花似玉的美人，沐浴之后，手拿白团扇，趁凉入睡，又被大风吹动竹子的声音惊醒。石榴花开，花瓣千层，煞是华美。伊人赏之、爱之，又恐西风吹落花瓣，竟情不自禁地对花落泪。寥寥数语，苏轼便将惜花怜人、情丝缱绻的景象呈现出来，可谓言尽意远，韵味无穷。

苏轼另有一事，更具戏剧性。这件事既是关于女人的，也是关于诗词的。女人和诗词之于苏轼，就像同一物体的两面。或者说，杭州的好女人加上好风光，然后成就了苏轼的好诗词。

有一天，苏轼与朋友张先同游西湖，坐在临湖亭上喝茶。那个下午，有阵雨袭来，不久又放晴。雨后晚霞照在湖面上，光影交错。如此好风景，却总嫌少了点儿什么。苏轼不言，张先也不道破，二人就这么坐着。然而，天公作美，送来一叶小舟和几位佳丽，“湖心有一舟渐近亭前，淡妆数人。中有一人尤丽，方鼓筝，年且三十馀，风韵娴雅，绰有态度。二客竟目送之。曲未终，翩然而逝。”

这几个女子皆是淡妆，但风姿难掩，筝声空灵，如泣如诉。她们行踪飘忽，骤然而来，飘然而去。其中那位三十多岁的女子，更是抬眉直视苏轼，抚筝轻唱，歌声婉转空灵。飘然而去时，又几番轻颦回眸。

于是，在这个仲夏傍晚的西湖边上，有此奇遇的苏轼创作了《江城子》：

凤凰山下雨初晴，水风清，晚霞明。一朵芙蕖，开过尚盈盈。何处飞来双白鹭，如有意，慕娉婷。

忽闻江上弄哀筝，苦含情，遣谁听！烟敛云收，依约是湘灵。欲待曲终寻问取，人不见，数峰青。

在苏轼的笔下，人与景相映成趣：凤凰山下，雨后初晴，水波清浅，晚霞明丽，但绝美的湖光山色，此时也只是人物的背景画面。一朵芙蕖，双飞白鹭，唯美的场景也只为弹筝美人的出场做铺垫。伴随着哀伤空灵的筝声，那神秘的女子来了，又飘然远去了，但她脉脉含情的目光一直在苏轼心间缠绕，一如她的指尖送出的柔美音乐。

令人意外的是，几天之后，在西湖之畔，那位女子再度驾舟而来，只不过这次是单身一人。原来，她对苏轼倾慕已久，一直苦苦等待见面的机会，只是“无由得见，今已嫁为民妻，闻公游湖，不惮呈身以遂景慕之忱”。

这段故事见于《瓮牖闲评》，可信度不得而知，后续亦不得而知。但无论是什么样的邂逅，故事中的男人和女人都会死去，而文字留了下来，《江城子》留了下来。

苏轼在杭州，问理公务之余，便像这般沉浸在湖光山色之中，探寻着杭州之美，也记录着关于杭州的故事。

诗、酒、女人和朋友，都成了他生活的一部分。就是在这段时期，他结识了秦观和黄庭坚。这两大才子虽然后来均成为苏门学士，但他们的名气大涨，并非是沾了苏轼的光。黄庭坚的诗与书法，均与苏轼齐名。秦观的词写得清丽，是北宋后期的婉约派一代词宗。正因为三人都是当世之才子，再加上性情相投，相互往来便密切起来。

有绝美的湖光山色可以欣赏，有志趣相投的朋友陪伴，苏轼真正把生活过成了诗酒趁年华的模样。

依然心怀天下

苏轼通判杭州，既要题诗，又要问事，两者都给他种下了祸根。

那时，国家处于因剧变而引发的动荡之中，苏轼紧张关注着，对于北面来的京都客，他如何能不询问？西湖风光如此之美，他若不动情题诗，他还是苏轼吗？

文同所担心的这两点，恰好是苏轼生命中两个最大的喷发点。与之相比，仕途算什么？若要理解苏轼其人，理解他犹如巍巍昆仑般伟大的生命，这是关键之处。他入仕不是为了功名利禄，而是为国家做实事，为百姓谋生存，为实现致君尧舜的理想。如果要拿理想换取仕途通畅，苏轼这样的人办不到。

在中国文化史上，从老子、孔子、孟子、庄子、屈原、陶渊明等，再到此时的苏轼，一连串光辉的名字，呈现出清晰的“文化基因链”。在破解人类精神、文化的基因图谱上，其功之伟，何尝低于破解生理性的图谱？

苏轼坚持士人的理想，此时未曾动摇，一生更不曾改变。他到杭州任通判，并没有过上闲散官人的生活，依然心怀天下，为民操劳。

当时通判一般都狡猾，充分利用朝廷给的模糊身份以掣肘知州。《水浒传》里有个黄通判就相当典型，将左右逢源之术发挥得淋漓尽致。不过苏轼这个人，学弄权显然困难，当然他也不屑于弄权，而是尽量配合知州的安排。

杭州知州沈立，是一位勤政爱民的好官，苏轼和他分工明确，似乎没什么不愉快。二人尽量在实施新法的过程中减少流弊。当时的地方官，执行朝廷的命令是有弹性的。像欧阳修知青州军事，便在他的管辖范围内公开抵制新法。欧阳修是三朝元老，在朝野享有盛名，神宗皇帝也敬他三分。而王安石是他的弟子，弟子对老师，还得毕恭毕敬。所以，欧阳修的“特立独行”，朝野无人敢制止。

沈立是王安石选中的干吏，出任江南第一都会杭州的知州，深受变法派的关注。同时，反对新法的大臣也常有书信给他。他夹在中间，便动用官场智慧，谨慎行事。苏轼与他经过短暂的磨合之后，配合默契，为百姓做了许多实事。

苏轼时常巡视各县，频繁出入余杭、临安、富阳、新城、於潜等地，考察民情。在“春入山村处处花”的新城县，他发现青苗贷款对农事并没有起到有效作用，于是慨然写道：

杖藜裹饭去匆匆，过眼青钱转手空。
赢得儿童语音好，一年强半在城中。

这是《山村五绝》组诗中的第四首，反映了新法在农村造成的巨大影响。

为了领取青苗贷款，山村里的农民只能拄着拐杖、带着干粮，长途跋涉，匆匆进城。然而，青苗贷款因为几经转手，到农民手中已然所剩无多。再加上古代的农民大多处于温饱线上，一旦手里有了钱，基本很难抵抗消费的诱惑。尤其是不懂得生活艰辛的年轻人，他们欲望盛，又不节制，在城里转眼就将青苗贷款挥霍一空。原本应该在农田里忙生产的农民，却把大部分时间耗费在城里，游手好闲、无所事事，弄得田地荒芜，人也懒散了。长此以往，家境自然便日益贫寒，唯一的收获是孩子们跟着大人东奔西跑，在不知不觉间学会了城里人的口音。

苏轼观察细致，正是在这些细微的地方，看到了青苗法的漏洞。青苗法原是防止豪强地主在青黄不接之时向农民放高利贷，减轻农民的贷款负担。然而，广大农民用朝廷的青苗贷款，必须春借秋还，一旦遇上天灾人祸，颗粒无收，根本无力偿还官债。再加上地方官府私自提高利息，或者附加名目繁多的杂税，农民定然无法偿清。朝廷追债又紧，为了不被拘捕和关押，农民只好向豪强借高利贷，如此循环，最后弄得倾家荡产。

北宋政府却没有看到百姓的苦难，为了增加税收，政府又实行盐法，将食盐列为国家专卖之物，由官府统一购买和销售，禁止民间私自生产、贩运。官盐由于所经环节极多，成本高，导致价格昂贵，贫苦百姓大多无力购买。而制盐的灶户在官府低价强买的高压之下，也苦不堪言。

江南作为产盐之地，百姓却几月不知盐味。苏轼写诗讽刺盐法："岂是闻韶解忘味，迩来三月食无盐。"孔子闻韶乐，三月不知肉味。江南百姓也是闻韶乐不知盐味吗？

面对朝廷的高压政策，强悍之人便冒着生命危险，贩运私盐。由于有利可图，大量走投无路的人加入进来了，有时整个村落的人都外出往返贩盐，民间甚至发展出多达百人的盐枭集团，他们携带刀剑，开启了武装贩运之路。

朝廷当然不会坐视不管，很快就派专人督查浙东、浙西盐务，在两浙厉行盐法，查处私盐，重锤镇压。一时之间，因贩卖私盐而入狱的人不计其数。苏轼上书朝廷道："两浙之民，以犯盐得罪者，一岁至万七千人而莫能止。"

苏轼心里非常同情贫苦百姓的遭遇，然而，他作为通判，却有审囚问犯的职责。每日听着犯人的声声号叫，签下心中不愿意却又不得不签署的判词，苏轼饱受折磨。甚至在除夕之夜，这种身心上的痛苦也未能停止。因为按衙门旧例，除夕也要清点犯人。阖家欢乐之夜，苏轼却高坐于堂上，目睹衣不蔽体的小民哀声遍地，可想他心中的酸楚。于是，他写下《官厅题壁》，把悲哀留在州府的墙上："除日当早归，官事乃见留。执笔对之泣，哀此系中囚……"

熙宁五年（1072），新法推行的力度加大，苏轼很苦闷，写信给朋友说："虽有江山风物之美，而新法严密，风波险恶，况味颇不佳。"在杭州的体验，印证了他在蜀地的生活印象：百姓安居乐业，当是国之重事。

苏轼通判杭州三年，虽有新法之苦，却不是愁眉苦脸过日子。此人先天快乐，后天也乐观；智慧生快乐，磨难也生快乐。如果要让他不快乐，除非阻断他的呼吸。在杭州，苏轼写了许多诗，并编成集子，刻印了几十本供朋友们传看。

苏轼对人完全没有城府，这一点是王弗生前最为担心的。在汴京和凤翔，她始终睁大一双慧眼，含笑打量每一个到访的客人，然后私下提醒苏轼。而苏轼的继室王闰之，则不关心这些，只是一门心思带孩子。前后两位夫人，似乎真有高下之分。没有王弗在身边提点的苏轼，索性放开心扉，性之所至，畅所欲言。

不少人到杭州，都会来看望苏轼，包括后来的“苏门四学士”之一的黄庭坚，也包括到两浙巡查农田水利的集贤校理沈括。

沈括是变法派的中坚力量，深受王安石器重。然而，真正让沈括在历史上留名的，却不是变法和政绩，而是他在科学方面的建树。他一生致力于科学研究，成就卓越。其代表作《梦溪笔谈》集前代科学成就之大成，在世界文化史上也有着重要的地位，被称为“中国科学史上的里程碑”。

然而，也正是这位政治家兼科学家，把苏轼的集子带去京城。后来，这些集子引起了一场极大的风波，甚至差点儿断送了苏轼的性命。

尘世中无尽的离别

熙宁五年（1072）七月二十三日，政坛领袖、一代文豪欧阳修在家中逝世，享年六十五岁。

尚在一年之前，苏轼还曾与弟弟苏辙，以及张方平、曾巩到颍州（今安徽阜阳），共同为欧公祝寿。那时，欧阳修虽然毛发如霜，牙齿半落，但精神矍铄，神采奕奕。在恩师面前，苏轼依然是毕恭毕敬的弟子，“插花起舞为公寿”。欧阳修也依然是一副醉翁形象，“醉后剧谈犹激烈”。

未曾想到，仅是一年光景，便天人相隔。这位曾经举荐过包拯、富弼、韩琦、文彦博、王安石、司马光、曾巩、三苏父子等众多人才的“北宋伯乐”，永远离开了这个世界。此时，王安石的变法依然在如火如荼地进行。

虽然欧阳修去世的前一年，已经以太子少师的身份告老还乡，甚至从变法开始，以他为代表的反对派就已在朝中逐渐失势，但欧公尚在，对苏轼、苏辙等人来说，就是一种精神的依托。

如今，欧阳修离世，苏轼以后的仕途之路，只能自己探索了……

苏轼初到杭州时，知州为变法派沈立，不过两人虽然政见不同，但相处还算融洽。后来沈立调走了，陈襄接替了知州之位。这位陈襄，原是朝中重臣，公正廉明，识人善荐，因反对新法，被王安石的得力助手吕惠卿排挤出京。神宗皇帝于是安排陈襄到杭州做知州。

苏通判与陈知州在杭州相得甚欢，当时已传为佳话。这倒不是说，二人刚一聚首，就联手抵抗新法。官场智慧，并不允许这么干。苏轼写过《留侯论》，指出年轻的张良刺秦王逞一时之勇，非智者所为。苏轼年轻时在凤翔，曾经也犯过由着性子行事的毛病。但苏轼为官，既是理想主义者，又是经验主义者。秦、汉、唐，历史的经验和教训，足以让他形成这样的智慧。

然而，即使二人并未公然联手反对新法，变法派也不会容许他们共同掌管关系江南经济命脉的杭州。熙宁七年（1074）秋，陈襄被调到陈州。在陈襄离杭之前，他于凤凰山顶的有美堂宴客，苏轼参加了此次宴会，并即席赋词《虞美人·有美堂赠述古》：

湖山信是东南美，一望弥千里。使君能得几回来？便使樽前醉倒更徘徊。

沙河塘里灯初上，水调谁家唱？夜阑风静欲归时，惟有一江明月碧琉璃。

陈襄，字述古。赠述古，即赠陈襄。苏轼与陈襄，在官职上为上下级，在年龄上亦相差近二十岁，但两人却是真正地情趣相投，惺惺相惜。

有美堂，二人曾经来过多次，或是登高览胜，或是把酒言欢，或是谈古说今，在这里留下了许多美好的记忆。如今，离别就在眼前，苏轼不禁悲从中来。

他登高远眺，千里美景尽收眼底。对于南来北往的他，已然行过许多地方的桥，看过许多次的云，但湖光山色，在他心里，要数江南最美。然而，美景在前，却再也不能和志趣相投的使君共同欣赏了。他有些怅然，想要询问：使君一去，何时才能返回？他希望痛饮几杯，但愿酒醉之后，便没有离别。沙塘里，华灯初放，人们唱起了动人心弦的《水调》。夜深人静，扶醉欲归，他看见，在明月的映照下，钱塘江水澄澈得像一面绿色的玻璃，纯粹而又迷人。

词的意象极美，视角首先从凤凰山顶的有美堂展开，居高临下，大处落笔，境界阔大；至于华灯曲调、一江明月，则渲染出了离别的伤感氛围，而苏轼对陈襄的惜别之情，更是见于字里行间。

苏轼送别陈襄的两个月后，他在杭州的任期满三年。在宋朝，地方官吏的任期一般都为三年，苏轼也到了离杭的时间。此时，他的弟弟苏辙在济南任职，兄弟俩阔别多年，苏轼十分想念弟弟，于是上奏朝廷，请求调到靠近济南的州县。九月，朝廷的任命下达，苏轼如愿以偿，被任命为密州（治所在今山东诸城）知州。从通判到知州，苏轼的职位也得以高升。

朝命既下，苏轼整装出发。九月底，他携带家眷，包括妻子王闰之及三个儿子苏迈、苏迨、苏过，以及家中其他人等，启程离开待了三年的杭州。

苏轼在杭州结交的朋友张先、杨绘、陈舜俞，因不舍苏轼，执意同船相送。他们一路北上，很快到达湖州，一行人便前去拜访在湖州担任知州的朋友李常。适逢李常生子，大会宾客，于是大家欢聚一堂，把酒言欢。

文人相聚，又恰逢酒宴，免不了吟诗作词。性情豪放、诙谐随性的苏轼忍不住调侃起新添儿子的李常，作《减字木兰花》一首：

维熊佳梦，释氏老君亲抱送。壮气横秋，未满三朝已食牛。
犀钱玉果，利市平分沾四座。多谢无功，此事如何着得侬！

古往今来，诗词中的应酬作品大多内容空泛，处处皆是陈词滥调。苏轼这首词，虽属应酬之作，却胜在语言诙谐风趣。

词的上阕直接描写李常生子的喜庆：吉祥之梦，相追相随，释氏老君亲自抱着童子送来。新生婴儿健壮不凡，未满三天，已经气势强盛，好似能吞下一头牛。

啼哭的婴儿，尚且不能吃饭，又如何能吞下一头牛？苏轼如此夸大，当是宴会上的调侃，当然，其对朋友的“吹捧”之功力也相当一流。

至于结尾化用的晋元帝生子的笑话，更是增添了欢乐的氛围。《世说新语》记载，晋元帝生子，赏赐百官每人一匹帛，大臣殷羡谢恩时说：“臣等无功受赏。”晋元帝回答：“此事岂容卿有功乎？”这一典故，与苏轼在李常宴席上收到喜钱、喜果的情况，恰好呼应。他自然而然地调侃起来：“多谢多谢，我这是无功受赏了，生孩子这件事情，怎么会有我的功劳呢？”词一吟诵，满座为之喝彩。

其实，苏轼这一时期的词作，与他后期的相比，称不上好。杭州三年只是苏轼填词生涯的习作阶段，不过在当时的词宗大家张先等人的影响下，他的兴趣正在与日俱增。三年里，他写的词作逐年增加，从熙宁五年的两首，到熙宁六年的五首，再到熙宁七年的七首。在词的风格上，虽然没有脱离传统词作的社交范畴，却也表现出新的倾向，即词人自己直接成为抒情主体，或者描写对象有特定的主体，而词的风格也十分清丽。

在所有的前辈词人中，张先对苏轼的影响或许是最直接的。张先为北宋婉约派代表人物，“能诗及乐府，至老不衰”，他的词作在内容上多反映士大夫的诗酒生活和男女之情，语言工巧，情韵浓郁。

张先是一个奇人，八十多岁尚能穿梭于官妓之间，遇到特别中意的就直接带回家去。他一辈子的名声大都与女性有关，时人称他“张三中”，因他有词句：“奈心中事，眼中泪，意中人。”不过张先自己更乐意标榜“张三影”，这也出自他描绘女性的名句：“云破月来花弄影；隔墙送过秋千影；无数杨花过无影。”

这个奇怪的老头儿，一生安享富贵，诗酒风流。他在治平元年（1064）以尚书都官郎中的身份退休之后，便常往来于杭州、吴兴之间，以垂钓和创作诗词自娱。在杭州期间，他常拉苏轼饮酒，或设歌舞于府中，或听丝竹于湖上。

就是在与张先的诗酒宴会中，苏轼遇到了当时年仅十二岁的王朝云。这个小女孩儿因家境贫寒，沦落到烟尘之中。她处境虽然艰难，却独具一种清新的气质，且在琴棋歌舞方面皆有悟性。苏轼怜其经历悲惨，将她赎身留在家中做侍女。此后二十多年，她一直待在苏轼身旁，照料苏轼，也自我成长。

苏轼此次离开杭州，前往密州任职，便也带着王朝云。而当苏轼外出宴饮，妻子王闰之不便跟随时，年幼的王朝云就可以随侍左右。在湖州，苏轼和友人对饮数日，王朝云寸步不离，即使苏轼醉酒也不担心无人搀扶了。

湖州的宴饮生活其乐融融，但天下无不散之宴席，很快，几人在湖州面临分别。杨绘、陈舜俞公务在身，先行离开，而苏轼也不得不继续北上。

张先与苏轼情深，跟着将苏轼送到松江。时年八十四岁的张先，心中深知自己来日无多，此时的离别很可能是他与苏轼人生中的最后一面，看着苏轼登舟，他不禁老泪纵横，挥手与苏轼道别，久久不愿离去。

四年之后，张先于家中病逝。苏轼没有忘记张先（字子野）的情谊，在《祭张子野文》中写道："送我北归，屈指默计。死生一诀，流涕挽袂。"

第四章

老夫聊发少年狂

一郡之守的担当

苏轼北上密州任职，原计划经海州绕道济南，看望三年未见的弟弟。然而，时值入冬，北方天气寒冷，海州通往济南的河流冰冻，所有船只暂停航行。再加上任期临近，苏轼无奈之下，只能忍下思念之情，冒着寒风直奔密州。

密州的治所，在今天的山东诸城。刚一进入密州境内，苏轼便被一个奇怪的现象吸引了。此时，北方已是农闲时节，但田间依然充斥着男女老幼忙碌的身影。苏轼走近观察，发现他们原来是在铲除蝗虫的虫卵，将其埋入地底或者直接用火烧。苏轼一路行走，沿途两百余里，皆是这种情况。

敏锐的苏轼马上意识到，密州是在患蝗虫之灾。他有些担心，如果蝗虫灾害得不到抑制，一旦泛滥，就会影响庄稼的收成，甚至还会造成颗粒无收、百姓无以为生的局面。

熙宁七年（1074）十一月三日，苏轼到达密州任所。他不顾车马劳顿，便立即着手收集材料，调查蝗灾的情况。看到官方的统计，他先是震惊，接着便是愤怒。原来蝗虫之灾并非突然爆发，而是早已泛滥成灾。几年时间，农民捕杀的蝗虫总数，报官的已达三万斛之多。然而，如此庞大的数据却未引起官吏的重视。更有混淆视听之徒，声称蝗虫能为民除草。对此，苏轼十分气愤，不客气地反驳道：“蝗虫如果真的能为民除草，农民自会盼它们多来，又怎么忍心捕杀呢？”

想到蝗灾已然发生，苏轼也无心再和谄媚之徒进行无意义的争辩。他马不停蹄地奔走各县，亲自走入田间进行实地调查。了解越多，事情越是触目惊心。密州之地，已是经历了连年蝗灾，庄稼歉收，百姓食不果腹，许多人只能依靠草根、树皮充饥。而苏轼到任这一年，从初夏到秋末的长时间干旱，又导致蝗虫大量滋生，灾情愈加严重。

苏轼明白，如果坐视不管，到来年春天，气候变暖，虫卵发育，灾情会更加严重。他立即到村落农舍，广泛深入地和农民交谈，向他们请教关于消灭虫卵和提高农业生产的办法。待了解清楚，他便着手发动群众，用火烧和深埋的办法捕杀幼虫、铲除虫卵。

为了提高百姓的积极性，他专门拨出了粮米，用于奖励积极捕捉蝗虫的群众。他更是身先士卒，从早到晚都在田间地头辛苦奔波，巡视督查。就这样，他忙了一百多天才打道回州府，府衙官吏竟有半数不识他的面容。

苏轼从到任之日起，便兢兢业业，带领百姓日夜奋斗。然而，密州穷苦多年，再加上当时的农业生产水平十分有限，在连年蝗灾、干旱的影响下，百姓的生活依然水深火热。不仅密州穷困，靠近密州的数千里之地也都是饥荒严重，百姓甚至连逃荒都无处可去。一时间，饿殍遍野，城墙根下和路边草丛中多有弃婴。面对此种惨况，苏轼悲痛万分，“洒涕循城拾弃孩”。

他设法从官粮中拨出数百担粮米，单独储存，以供部属用于抚养弃婴。但此种做法，终非长久之计。苏轼思前想后，又从官钱中拨专款给愿意领养弃婴的妇女，让她们至少能把婴儿养到一周岁。苏轼这么做的理由是：一年后母子生情，也就难以割舍了。事情如他所料，此后密州的弃婴大大减少。由此可见，仁慈的官员总能想出仁慈的办法。

密州穷困，连苏轼这个知州有时也要挖野菜充饥。这也表明他为官清廉——堂堂知州，若是一心想弄点儿吃的，想必不会太难。只是苦了通判刘廷式。苏知州挖野菜，刘通判岂可袖手旁观？逢着青黄不接的时节，这两位父母官便沿着城墙寻杞菊充饥。

苏轼在密州常年吃野菜，以补粮米之不足，想来应是面带菜色。然而，一年下来，他“貌加丰，发之白者日以反黑”。杭州的酒食生活，他一病再病。密州“斋厨索然”，他反而长胖了。或许，野菜虽然不如山珍海味，但吃野菜的心境却是豁达的。

面对穷困景象，苏轼也上书朝廷，请求减免密州赋税。他在田坎上写公文，文不加点。在这些言事之书中，他如实奏报密州情况，也不可避免地提到时政和新法。时隔几年，对于新法，他的态度发生了微妙的变化。虽然他依然坚持反对变法的基本立场，对方田均税法、官盐专卖等变法措施也进行严厉批评，但经过几年的耳闻目睹，对于免役法等有利于百姓的变法条目，他不再全盘否定，而是提出一些改良的意见。

苏轼对于变法态度的转变，如果能够和王安石及时沟通，事情或许会朝着有利的方向发展。然而，早在熙宁七年（1074）四月，时局就出现了变动，神宗皇帝迫于现实的压力和守旧派的反对，无奈之下，罢免了王安石的宰相职位，希望以此来平息众议。他以为只要牺牲了王安石，变法便可以顺利进行。

王安石被罢相后，神宗皇帝任命韩绛为宰相，任命吕惠卿为参知政事（副宰相）。神宗此番人事任命，犯了极大的错误。和王安石相比，韩绛能力平庸，而吕惠卿虽是王安石最为倚重的变法派人士，却有较强的个人私欲，在政治上擅长打击异己，扶持自己的势力。

吕惠卿出任参知政事后，继续推动变法，他不仅和以司马光为首的保守派展开了激烈的争辩，甚至和王安石也出现了分歧。在变法的具体措施上，他与弟弟吕和卿制定了手实法。这一法令规定百姓要主动上报财产，官府再以财产多寡定户等高低，分摊各户应纳税钱。如有隐匿，人们可以互相告发，并以查获资产的三分之一为赏。

在苏轼看来，手实法太过扰民，且败坏社会风气，因此他极力反对。此时的苏轼，会大胆地依据自己的原则处理密州事务。在具体实践中，如果他觉得新法有害无益，便拒不执行。即使面对那些检查新法执行情况的司农寺官员，他依然据理力争。事实证明，苏轼的看法没有错，手实法终因扰民太甚，又因民户的田产变化大而流弊很多，不久就被废止。

寒来暑往，苏轼到密州的第二年（熙宁八年）十月，政务初定。为答谢常山山神赐雨，常山庙重建成功。苏轼亲自前往祭祀，祈求风调雨顺。归来的途中，他和同僚率领当地驻军进山打猎。他左手牵猎犬，右手擎苍鹰，意气风发，好像回到了裘马轻狂的年少时光。随行的将士们，则像疾风一样席卷平坦的山冈。

壮阔激烈的场面，激发了苏轼心中的豪迈之情，他挥毫写下了《江城子·密州出猎》：

老夫聊发少年狂，左牵黄，右擎苍，锦帽貂裘，千骑卷平冈。为报倾城随太守，亲射虎，看孙郎。

酒酣胸胆尚开张，鬓微霜，又何妨。持节云中，何日遣冯唐？会挽雕弓如满月，西北望，射天狼。

豪情冲天，酣畅淋漓。这首词一洗绮罗香泽之态，令人耳目一新。寥寥数语，融叙事、言志、用典为一体，不仅描述了围猎时的心情、装束、阵容等盛况，也抒发了苏轼要亲自射杀猛虎、答谢全城军民的豪迈之情，以及志在千里、效力疆场、卫国守边的英雄风气。

苏轼在写给朋友的信中说："近作小词，虽无柳七郎风味，亦自是一家。数日前猎于郊外，所获颇多。作得一阙，令东州壮士抵掌顿足而歌之，吹笛击鼓以为节，颇壮观也，写呈取笑。"

这封短信包含三层意思：一是苏轼内心其实很在乎柳永的词，欲比个高低，又不便明说；二是打猎收获不小；三是密州的壮士唱了他写的这首"密州出猎"，颇为壮观，暗指柳词多为女子传唱。

涉及艺术创作，苏轼很较真，也不怕在朋友面前表扬自己。事实上，苏轼的确在词的创作上迈出了划时代的一步。出猎之行、安邦之志，拓展了词境，提高了词品，扩大了词的题材范围，一个革新的豪放词派由此出现。

这一年，除了常山庙落成，超然台也建成了。超然台位于密州府衙北面，原本只是一个废弃的旧台，但苏轼觉得可以利用，便着手修葺。早在凤翔，苏轼就对建筑颇有揣摩，此时正好可以在实际中加以运用。他亲自绘图，并参与取材、施工，直到新台筑成。

在济南的苏辙听说此事，专门寄来《超然台赋》，并依据《老子》中的“虽有荣观，燕处超然”之意，为此台取名“超然台”。超然，即超脱尘世、乐天知命的意思。对此，苏轼深有感触，为了应和苏辙，他写下千古名篇《超然台记》。“凡物皆有可观。苟有可观，皆有可乐，非必怪奇伟丽者也。”全篇文章，以“乐”字贯穿全文，表达了苏轼知足常乐、超然达观的人生态度。

苏轼一有时间，便登上超然台，远望山川，饮酒赋诗。熙宁九年（1076）的中秋，苏轼在部属的簇拥下登楼畅饮，大醉。月亮在天，人影在地。他思念阔别五年的弟弟，在超然台上一气呵成地咏出《水调歌头·明月几时有》：

明月几时有？把酒问青天。不知天上宫阙，今夕是何年？我欲乘风归去，又恐琼楼玉宇，高处不胜寒。起舞弄清影，何似在人间！

转朱阁，低绮户，照无眠。不应有恨，何事长向别时圆？人有悲欢离合，月有阴晴圆缺，此事古难全。但愿人长久，千里共婵娟。

宋人说：“东坡咏月词一出，余词尽废。”在今天，这首望月怀人之作，即使是幼齿之童，皆耳熟能详。月之阴晴圆缺，对应人的悲欢离合，包含浓厚的哲学意味，是一首将自然和社会高度契合的感喟作品。

纵观全词，字字珠玑，又晓畅易懂。其以月起兴，以兄弟之情为基础，渲染出一种皓月当空但亲人远在千里之外的忧伤氛围。围绕中秋明月，苏轼也展开了想象和思考，在月亮这一意象上集中了人类无限美好的憧憬，将人世间的悲欢离合纳入对宇宙人生的哲理追寻之中。

苏轼的思想感情既矛盾，又复杂。他有乘风归去的出世心境，但这种思想并不是确定的，天上虽美，人间却依然值得留恋。在出世与入世的矛盾纠葛中，苏轼开阔的心胸与超远的志向也在起着作用，最终入世思想占了上风。

虽然感念人生的离合无常，但他依然热爱生活。

与徐州共进退

无论是在自然环境方面，还是生活条件上，穷困密州都无法与山水杭州相比，但苏轼对密州却极有感情，他喜欢这里朴实的民风。然而，时光稍纵即逝，不知不觉间，他在密州的任期将满。继任的知州已经上路，为了表达敬意，还在途中向苏轼寄了诗篇。苏轼回了一首赠答诗，诗中“永愧此邦人，芒刺在肤肌。平生五千卷，一字不救饥”四句，表达了未能救民于苦难之中的自责。

带着遗憾和留恋，苏轼于熙宁九年（1076）十二月中旬离开密州，奔赴新的任地河中府（今山西永济）上任。

行路途中，大雪纷飞，增加了旅途的艰辛。苏轼与家人冒着风雪赶路，他们取道济南，希望能够和苏辙一家相聚。然而，苏辙却于前月进京述职了，尚未回来。但苏辙的三个儿子，早已在雪地里等候多时。时任齐州知州的李常是苏轼好友，他听闻消息，也派人远道相迎。

亲友见面，分外激动。苏轼在济南逗留一个多月，到熙宁十年（1077）二月上旬，天气回暖，才带领全家继续赶路。他们行至郓城一带，遇到从汴京赶来的苏辙。两兄弟情深义厚，分别多年，此时重聚，激动之情难以言喻。两人渐老，再也不是当年意气风发的少年，但依然并肩骑马，笑傲风尘。

为了与兄长多一些欢聚的时光，苏辙一路陪同苏轼前往河中府。不过，苏轼中途又接到诏书，改任徐州知州。于是，两人又同赴徐州。难得有时间相聚，苏辙在徐州住了百余日才离开。

临别前夕，正值中秋佳节，苏轼在彭城山下摆酒设宴，与弟弟泛舟赏月。想到此次分别之后，又将是长久不能见面，苏轼心中涌起无限感伤。他举头望月，咏出一首七绝《阳关曲·中秋月》：

暮云收尽溢清寒，银汉无声转玉盘。
此生此夜不长好，明月明年何处看。

夜幕降临，云气收尽，天地间充满了寒气。千里银河，流泻无声，月亮如同玉盘洁白晶莹。中秋佳节，清风阵阵，乐曲悠扬，兄弟得以团聚，一切似乎都很美好。然而，苏轼却总有一种人生无常的感慨：明年的中秋之夜，还能像今夜这样一起赏月论诗、把酒言欢吗？

苏轼与苏辙身在仕途，许多事身不由己，再加上任地不断变化，行踪漂浮难定，尽管两人之间情谊深厚，却难有相聚的时光。如今，久别重逢，共赏中秋之月原本是件赏心乐事，但面对即将到来的离别，两人的心情可谓悲喜交加。“此生此夜”与“明月明年”，叠字唱答，突出此夜与明年的对比，产生悠悠不尽的无奈情韵。

第二天，苏辙乘舟离去。在他离开不几日，洪水突至。原来黄河上游的澶州河段决口，位于下游的徐州深受波及，城南清河水一夜暴涨，徐州城被困。灾情危急，苏轼反应迅速，马上采取了两大措施：一是严禁有车马的富户逃亡而扰乱民心，二是亲入武卫营请禁兵协助防洪。按宋制，知州对当地驻军并无指挥权。但当苏轼冒着大雨走到禁兵首领的住处，浑身湿透，见此情景，平时有些傲慢的首领感动了，命令全营官兵听候知州调遣。

徐州城南面，有山横截，洪水无处流泻，汇于城下。洪水日夜冲击着南城墙，苏轼登城楼，眼望滔滔洪水，半个时辰一言不发。部属则跟随左右，都在等他拿主意。这倒不是因为他官最大，而是抗洪已逾六十天，他早已成了全城军民无可争议的主心骨。思索良久，他下令调动几百只公私船只，船中装入沙袋并加以固定，再用缆绳放到城墙下，以缓解洪水冲力，避免墙体被冲毁。这种方法十分奏效，民心渐安。

在最大的洪峰到来之前，苏轼还指挥万人大军于险要之处筑长堤。堤成，全长九百八十四丈，高一丈，阔两丈。同时，他也不断加固其他各处堤防，又每天身穿蓑衣，脚穿草鞋，拄着木杖，视察防护的薄弱之地。连续几十天，他夜宿城墙之上，随时处理突发事件。

这场洪水来势凶猛，光靠堵是不可行的，于是，苏轼听取当地民众建议，派人打开清凉口，将部分洪水疏导出去。整个抗洪历时七十多天，到十月中旬，洪水归入黄河故道，东流入海。围困徐州的洪水退去，城保住了，人民欣喜若狂，载歌载舞。

宋神宗闻奏亦大喜，下诏曰：“昨黄河水至徐州城下，汝亲率官吏，驱督兵夫，救护城壁，一城生齿并仓库庐舍，得免漂没之害……朕甚嘉之。”

苏轼却并不满足于一次成功的抗洪救灾，他希望筑一道坚固的防洪大堤，让徐州百姓不再受洪灾困扰，无忧无虑地生活、劳作。为了这个理想，他精心考察，拟定了一份工程计划上奏朝廷，请求拨款筑堤。

然而，朝廷却迟迟没有答复。苏轼猜想可能是因为所需经费过高，于是将石堤改成木堤，以缩减预算。同时，他给刘贡父（刘攽）、范景山、欧阳仲纯等在京城为官之人写信，请他们多为斡旋。到了第二年，即元丰元年（1078），朝廷终于批准了苏轼建造防洪大堤的计划，并拨款两万四千贯。

既已准奏，苏轼便正式投入工程建造之中。八月中旬，徐州防洪大堤正式竣工。苏轼站在城墙之上，望着大堤，想象着洪水再也不会在城下肆虐，心中十分激动，正是“高城如铁洪口快，谈笑却扫看崩奔”。

在建造防洪大堤的同时，一座十丈高的楼台也正式落成，苏轼名之曰黄楼，黄即代表土，取五行中土能克水的意思。楼成，苏轼率众举行盛大仪式，万人空巷争睹盛况。百姓也穿上节日盛装，载歌载舞。

度过洪水的浩劫，徐州城并未太平。元丰元年（1078）的春天，徐州又逢春旱，逾月不见一滴雨。于是苏轼又率领百姓祈雨，多日之后雨来了，随风潜入夜，润物细无声。到夏初，艳阳高照，麦子金黄。苏轼高兴万分，又同百姓到城东二十里外的石门潭谢雨。他沿途所见，已是一派相当喜人的丰收景象。激动之下，苏轼写下了《浣溪沙》五首。

苏轼这一组小词，专写徐州的乡村。灾年变成丰收年，苏轼的欣喜可想而知。他到乡村，村庄里的人也异常兴奋，单是见到苏轼远远走来，便争相围观，“旋抹浓妆看使君，三三五五棘篱门。相排踏破蒨罗裙”。天真烂漫的乡村女孩儿急匆匆地着裙抹妆、争看知州的模样跃然纸上。

进一步深入乡村，他看到初夏时节农村的生活情趣和村民安居乐业的场景，心情更加舒畅，随口咏道：“麻叶层层檾叶光，谁家煮茧一村香？”村外的麻叶，一层又一层，因雨水的滋润而泛着光泽。往村庄中走去，村内处处飘散着煮茧的清香，令人心醉。他禁不住好奇，想要问询一声：此时是谁家正在煮茧呢？

炎炎夏日，骄阳正炙烤大地，苏轼在村庄中走了良久，感到有些困倦和干渴，于是走近路旁的人家，抬手敲门，试着讨要一碗茶水，“酒困路长惟欲睡，日高人渴漫思茶。敲门试问野人家”。至于农家是否有人，苏轼是否成功喝上了茶水，都不再叙述。词虽止，却给人留下了无穷的想象与韵味。

在村庄了走了许久，苏轼要回城了。他感受到日光和暖，桑麻欣欣向荣，闪烁着犹如水泼过一样的光辉，而一阵暖风也带着蒿艾的熏香扑鼻而来。苏轼大悦，写道：“日暖桑麻光似泼，风来蒿艾气如薰。使君元是此中人。”

这组诗所呈现的乡村风物，真实得如同梦境。高度提炼的真实，随意涂抹的画面，都有这类效果。有个叫周济的古人说：“东坡每事俱不十分用力，古文、书、画皆尔，词亦尔。”这话讲到点子上了，细品苏轼，方知什么叫举重若轻、随意而为，什么又叫天纵大才、雄视古今。

徐州城中，有一座成名三百年的燕子楼。楼中曾经住着关盼盼，她是享有盛名的唐朝美女，诗也写得不错。她在心爱之人张愔死后，独居燕子楼十年，最后香消玉殒。张愔系中唐高官、徐州节度使张建封之子，燕子楼相传就是他为爱妾关盼盼所建。正当妙龄的盼盼十年不嫁人，并非她苦守贞洁，是爱情使然；她和张愔的感情，很好地诠释了“曾经沧海难为水，除却巫山不是云”。唐代大诗人白居易曾为关盼盼题诗：“醉娇胜不得，风袅牡丹花。”张愔与盼盼的故事，也是出自白居易之口，感动过不少人，燕子楼因之而大受凭吊。

苏轼在徐州为官，自然不会错过对燕子楼的访古探幽。他闲暇之余，便来到燕子楼，流连再三，索性不归，夜宿其间。沉睡之中，他仿佛梦见了盼盼，第二天词兴大发，随手一挥，一首《永遇乐·彭城夜宿燕子城梦盼盼因作此词》赫然面世：

明月如霜，好风如水，清景无限。曲港跳鱼，圆荷泻露，寂寞无人见。紞如三鼓，铿然一叶，黯黯梦云惊断。夜茫茫、重寻无处，觉来小园行遍。

天涯倦客，山中归路，望断故园心眼。燕子楼空，佳人何在，空锁楼中燕。古今如梦，何曾梦觉，但有旧欢新怨。异时对、黄楼夜景，为余浩叹。

“燕子楼空，佳人何在，空锁楼中燕。”只三句，说尽张愔与盼盼之情。后世文人玩赏不已，玩味词句，也玩味心情。苏轼与婉约派的柳永、张先有别，他笔下虽涉及若干女人，意境却十分清爽。所谓胸有万卷，笔无点尘。他在徐州时也曾说：“十五年前我是风流帅……花枝缺处留名字。”后来秦观和之曰：“我曾从事风流府。”这一唱一和，颇为有趣，但其实风流帅之类，说说而已。若真把苏轼视作花间人物，同柳三变、张子野、晏幾道等辈排列有序，那就是笑话了。

这首词既写了惊梦游园和燕子楼的清幽之景，也抒发了凭吊燕子楼的无限感慨。苏轼时年四十二岁，人到中年，不免生出许多关于人生的思考。自从熙宁四年外放，苏轼已辗转杭州、密州、徐州三地，近十年时间，不断经历人事变迁。他有些倦了，自比天涯游客，心中隐约有种出世的意念。但这种充满禅意的人生空幻之感，并未长久占据苏轼的内心，感慨之后，他始终是旷达和乐观的。

徐州作为一座历史悠久的古城，不仅有燕子楼等众多古迹，而且人才济济。这里名士往来，作词、评诗、品画的雅集接连不断。在众多诗画雅集之中，苏轼不仅有机会欣赏到一些稀世名画，也与同代的李思训等著名画家往来密切。当时，题画之风盛行，苏轼便是其中的佼佼者。他在画上题诗，或结合画作发表专业的艺术见解，或着重对画面进行生动描绘，常有妙语。

在名士的聚会中，谈笑风生、见解独特的苏轼，总是大家关注的中心。自从文坛领袖欧阳修去世之后，苏轼以深厚的文学功底，当之无愧地成了文坛上新的领袖人物，诗词、书画等领域的名士争相与他交往。

此时，黄庭坚、秦观、晁补之等人依然与苏轼诗文往来不断，而京城的王巩（名相王旦之孙，张方平女婿）、云游四海的得道高僧参寥也开始与苏轼产生交集。他们皆风标高洁，才思敏捷，尤其是参寥，与苏轼一见如故，两人朝夕盘桓，或游山玩水，或谈诗论道，一生都保持着真挚深厚的友情。

苏轼在徐州，可谓收获颇丰：除艺术修养大为长进，还政绩卓著，官民同乐。

元丰二年（1079）三月，朝廷的新任命下达，苏轼调任湖州知州。苏轼离任，徐州数千人送他出城几十里，哭成一片。苏轼大为感动，在前往湖州的途中，挥笔写下一首《江城子·别徐州》：

天涯流落思无穷！既相逢，却匆匆。携手佳人，和泪折残红。为问东风余几许？春纵在，与谁同！

隋堤三月水溶溶。背归鸿，去吴中。回首彭城，清泗与淮通。欲寄相思千点泪，流不到，楚江东。

这首词将浓厚的愁思注入到了即事即地的景物之中，抒发了苏轼对徐州的风物人情的无限留恋。

苏轼在徐州为官仅两年，但他与徐州人士的交往却充满相逢、相知的喜悦。只是朝命在身，他只能怀着骤然分别的痛惜之情，无奈地前往湖州赴任。

他一路前行，无论是暮春的杏花、三月的隋堤、北归的鸿雁，还是不断流淌的泗水，入目皆成了离愁别绪。而南北的辗转，也增加了他的天涯流落之感……

而今却被小人误

苏轼这个人，郁闷的时候要写诗，高兴了又口不择言。五年做了两任知州，政绩斐然，如果他在下一个知州任上稍事谨慎，回京师做高官几乎没有任何问题。十几年前宋仁宗讲过，他有宰辅之才。如果他动用一点儿官场智慧，稳扎稳打，做宰相的可能性很大。然而他个性太鲜明，压抑性情、伪装起来迂回前进，对他来说太难了。他天性自由放达，到四十多岁已是秉性难改。

苏轼赴湖州的途中，按惯例写《湖州谢表》。未曾想到，这种例行公文到他的笔下，竟然惹出大祸。他虽多年远离京师，在外地任职，但朝廷有一帮嫉贤妒能的小人，一直在关注他，企图将他扳倒。

当时，王安石已经二度罢相，伤心地回老家打发余年。王安石培养的变法接班人吕惠卿，为得宰相之位，反口咬他。双方斗争激烈，王安石的儿子王雱也被卷了进去，结果是两败俱伤：王安石死了儿子，吕惠卿被贬出京师。

熙宁初年的一群重臣为国家前途的原则之争，现在变成了利益之争。吕惠卿这种两面三刀之人，在他当政时起用了一批小人，而小人繁殖力强，迅速占据要津，将势力扩大到朝廷各大部门。

宋神宗一直对小人保持着警惕性，一心想要清除小人。然而，坏人的脸上并未写着“小人”二字，甚至有些小人在某些领域还是卓有成就的人才。大科学家沈括就是其中一位。

继汉代张衡之后，沈括是正史有传的科学家，是科学巨著《梦溪笔谈》的作者，堪称北宋一位百科全书式的人物。但沈括是官场小人，道德败坏。他曾攀附王安石，却被王安石一眼看透。沈括的袖筒里时常藏着不止一封密信，他是告密的专家。当初沈括到杭州，同苏轼称兄道弟，却心怀叵测，带走了苏轼的诗集。他回汴京仔细研究后，写成报告呈给监察部门，称苏轼“词皆讪怼”，恶意攻击朝廷的新政。沈括此举，是希望在王安石面前立一大功。可他没想到，王安石根本不予理睬，还对神宗揭发道：“沈括是小人。”及至王安石罢相，他马上诋毁新法，被神宗识破，贬出京城。

这件事在朝廷中的影响不小，苏轼辗转为官也曾听说，但没往心里去。事过几年，御史台的四个小人重拾沈括的伎俩，再次向苏轼发难。

四个新进小人指李定、舒亶、张璪和何正臣。宋史，尤其是宋人笔记，关于这四个人的所作所为讲了很多。李定曾因大逆不孝而臭名远扬，司马光斥之为禽兽，苏轼也曾写诗抨击。舆论沸腾，而李定忍气吞声，咬牙写下日后加以报复的黑名单，其中就包括苏轼。至于舒亶，则是大有来头的小人，他学富五车，在礼部考试中曾拿了第一名，一生诗文有百卷之多。他和沈括一样，是知识渊博、才华出众的小人。

能量大的官场小人，一般都有丰富的斗争经验，不会轻易地发动攻击。一旦展开攻势，必有几分胜算。他们在暗中伺机而动，广泛地搜罗证据。

《湖州谢表》中有两句话：“知其愚不适时，难以追陪新进；察其老不生事，或能牧养小民。”追陪新进，指入京与新进共事。牧养小民，指知州牧养一方（汉代的州称牧）。老不生事，则暗讽新进的官僚们生事扰民。

苏轼信手一笔，讽刺朝廷的“新进”，却惹了大祸。四个小人开始利用这段话，陷害苏轼，围剿苏轼，而以果断著称的宋神宗也被他们弄得晕头转向。

何正臣首先发难，他上奏弹劾苏轼“愚弄朝廷，妄自尊大……一有水旱之灾，盗贼之变，轼必倡言归咎新法”。为了表明自己并非信口开河，他还附上了当时沈括从杭州带来的诗集作为证据。

神宗正疑惑而犹豫不定时，舒亶紧跟着上奏折称：“臣伏见知湖州苏轼，近谢上表，有讥切时事之言，流俗翕然，争相传诵，忠义之士无不愤惋！”他选取了一组诗句，强行附会成“谤讪君上”，以激怒神宗。

担任御史中丞的李定则给了苏轼最后一击，他对神宗写道：“初无学术，滥得时名，偶中异科，遂叨儒馆，有可废之罪四。”李定列出的四条罪状，均属言论罪。而赵宋立国百余年，对言论是比较开放的。宋神宗终于让御史台的言论搅昏了，感到苏轼“问题严重”，下令查办。

李定等人听闻，喜不自胜，立即派太常博士皇甫遵连夜赶往湖州拿人。于是，皇甫遵携带密令，和他的儿子及两名御史台兵丁即刻出发了。

苏轼要被捉拿问罪，最先得到消息的是驸马王诜。他与苏轼多有诗文书画往来，感情深厚。听闻消息，他马上派人到苏辙的任地南都（今河南商丘），告知消息。一切都如晴天霹雳，苏辙震惊之下，急忙派人飞奔湖州，希望能让毫不知情的苏轼有个心理准备。

此时的苏轼，到湖州已两月有余。他有条不紊地处理公务，如果阳光正好，便在官府后院晾晒亡友文同的书画。文同开创了“湖州竹派”，以墨竹称雄当世，深为苏轼、米芾、黄庭坚、司马光等人赞许。而苏轼画竹，据说得文同真传。他们惺惺相惜，互相品评书画，文同的画作甚至专门留下空白，等着苏轼题诗。然而，天妒英才，文同于去年不幸病故，苏轼为此三天三夜不能睡觉。在阴阳相隔的日子里，他只能黯然铺开文同的遗作，聊以缅怀……

苏轼沉浸在湖州政务和好友亡故的感伤之中，不知道惊天的阴谋正在向他铺展开来。幸好，因皇甫遵的儿子生病耽搁了半天的行程，苏辙派来的信使提前一步到达。然而，这争取来的短暂时光，苏轼也只来得及将州中事务移交给通判祖无颇，并无时间再详细打听事情的前因后果。

皇甫遵捉拿苏轼，先拿腔调。苏轼这样的高官兼名流，落到他手上，他是不会轻易带走的，总要借机耍耍威风。到达湖州府衙，他持笏立于官厅的中央，脸色铁青，一派威严，官服下面有物凸出，很像匕首。他身后的两个台卒则全副武装，目光凶狠。

面对此种场景，整个衙门的气氛都紧张起来。苏轼心里没底，颇为惶恐。他见皇甫遵不言不语，只好主动说道：“轼自来激恼朝廷甚多，今日前来，必定是赐死，死固不辞，只求能与家人诀别。”

皇甫遵这才冷冷地吐出一句："还没有这么严重。"其态度倨傲，颇有一幅小人得志的嘴脸，仿佛自己做的是惊天地泣鬼神的伟大功业。皇甫遵一生都为这件赴湖州捉拿苏轼的"美差"自鸣得意。事实上，他也的确"永载史册"了。宋代孔平仲的《谈苑》记载，皇甫遵"拉一太守，如驱犬鸡"。

这位妄自尊大的太常博士，还想继续耍威风，但在祖无颇的追问之下，他只能拿出诏令进行宣读。原来，只是普通的革职进京的公文。诏令宣读完毕，皇甫遵并不给苏轼与家人话别的时间，马上就将他五花大绑，押出门去。

苏轼的夫人王闰之闻讯，急忙追赶出去。苏家老幼也都紧随其后，泣不成声，希望跟随苏轼进京。不过，只有苏轼的长子苏迈获准同行。

几艘官船戒备森严，准备押送苏轼赴京。当时气氛颇为恐怖，湖州府衙的官吏中，只有通判祖无颇挺身而出，以及掌书记张师锡赶到城郊送别，其他官吏皆躲避不出。至于湖州百姓，则成群相送，面容悲戚。

苏轼在徐州时，曾收王适、王遹兄弟为学生。此二人一直跟随苏轼到湖州，苏轼此番遇难，他们亦不离不弃，在苏迈随行照顾苏轼之后，主动担起护送苏轼一家老小的责任。他们忙前跑后，帮助王闰之打点行装，然后谨遵苏轼嘱托，把苏家二十余口送往南都苏辙家里暂住。

即使这样，厄运依然继续降临。御史台缉拿苏轼后，竟然又下令全面搜查苏家。当时，苏轼家小已在前往南都的船上，但州郡官吏并不就此作罢，居然派大批人马连夜追赶，在宿州将苏家船只拦截下来。接着，大批兵丁上船搜查，翻箱倒柜，呵斥连连，动作极为粗野，“围船搜取，老幼几怖死”。

兵丁撤走后，王闰之又哭又骂：“是好著书，书成何所得，而怖我如此！”王闰之“悉取烧之。比事定，重复寻理，十亡其七八矣”。

王闰之惊惧和愤怒之下，将家中残存的苏轼手稿，付之一炬。可惜王闰之的一把火，烧掉多少珍宝。兵丁已去，何必点火？王弗若在，岂有此举？王弗在闺中便能念书，又因跟随程夫人数年而颇识大体，当不会如此莽撞行事。

许多人猜测，苏轼当时余下的小部分文稿及书画，是他的侍女王朝云给藏起来了。此间她十七八岁，早已长成亭亭玉立的美少女。她跟随苏轼已五年，在歌舞、诗文、书法等方面皆大有长进，与苏轼心意相通，郎情妾意。

然而，一切美好都被小人打破了。等待苏轼的将会是什么，没有人知道。

乌台诗案，命悬一线

苏轼被押至京师，关在乌台。乌台，指的是位于东澄街北的御史台，这里大门向北而开，四周有百余棵柏树，上面栖息着数千只乌鸦，因而得名。汴京城内，流传着有关乌台的种种恐怖故事。这是“鬼”都不想去的地方。

乌台的牢狱，有深井一般的牢房，关押的都是要犯。宋代刑法规定：“群臣犯法，体大者多下御史台狱，小则开封府、大理寺鞫治焉。”苏轼的案子，被构陷成“愚弄朝廷”和“谤讪君上”，又是神宗皇帝御批，也属大案。

案件的主审是李定，舒亶为助手，而张璪专施刑具。张璪是刑讯逼供的好手，数兴大狱，手段残忍。苏轼入狱，便遭狱卒毒打。

当时，有个叫苏子容的囚犯也关在乌台，他做过开封府尹，因得罪御史台的小人而下狱。他就在苏轼隔壁的牢房，“予昼居三院东阁，而子瞻在知杂南庑，才隔一垣”。他在狱中赋诗十四首，诗中亦为苏轼的遭遇悲叹：“遥怜北户吴兴守，诟辱通宵不忍闻。”吴兴，即湖州。这里明确说明，苏轼被诟辱通宵。

不过，苏轼出狱后的诗文只字不提这些遭遇，当然也包括苏子容记下的情形。奇耻大辱，谁能说出口呢？“性不忍事”的苏轼，也有终身不想提及之事。

为了置苏轼于死地，李定绞尽脑汁罗织苏轼的罪名，不分昼夜地研究苏轼写下的每一个字。朝中大臣、地方官吏，凡与苏轼有书信往还的，一律派人取证。驸马王诜是苏轼的好朋友，他送给苏轼的茶、药、纸、墨、砚、一张鲨鱼皮、一款紫茸毡等皆成物证。连苏轼托王诜裱画三十六轴，没付钱，都成了一桩罪名。

案件闹得很大，牵涉几十人，其中有范镇、司马光、张方平这些熙宁新法的强有力的反对者。“乌台诗案”的性质昭然若揭了：这是明目张胆的政治陷害。而案件进展不顺利时，小人就暴跳如雷，愈发疯狂地扑打苏轼。

小人丧心病狂，牢狱之外的“救苏运动”也紧锣密鼓地进行着。苏辙上书神宗皇帝，愿解除自身官职来换取兄长的平安，言辞情真意切，感人肺腑。

以太子少师致仕（退休）的张方平，居金陵，派儿子张恕急速进京，直奔登闻鼓院投书。书中慷慨激昂，称苏轼为一代奇才。岂知张恕胆小，徘徊半天不敢投。不过，这倒是件好事：以神宗的刚强性格，看了张方平的上书，很可能反而对苏轼不利。苏轼这样的奇才竟然下狱？这不是指责皇帝是昏君吗？或许张恕不敢投书，也正是担心这个。

以户部侍郎致仕的范镇，亦不顾家人的反对，毅然上书皇帝，乞免苏轼一死。

形势朝着对苏轼有利的方向发展，李定、舒亶大为恐慌：苏轼今日不死，将来必成大患。舒亶狗急跳墙，竟上奏折，要把收过苏轼讥讽文字的大臣全部杀掉。他还派人到杭州，取回了苏轼写的一首咏物诗《王复秀才所居双桧》："凛然相对敢相欺，直干凌空未要奇。根到九泉无曲处，世间惟有蛰龙知。"这么一首普通的吟咏桧树的诗篇，舒亶却如获至宝，急忙呈送给右相王珪。

舒亶和李定、王珪，都是一个派系的官员。其中，王珪的官职最高。

王珪拿着诗稿，在神宗面前力诋苏轼："此人确有不臣之意。"

神宗问："何以见得？"

王珪说："陛下犹如飞龙在天，苏轼公然声称与陛下合不来，反求知音于地底之蛰龙。这不是不臣，又是什么？"

神宗又说："不能这么比附吧。他自咏桧，干朕何事？"

一旁的章惇也开口说道："龙者，非独人君，人臣也可以称为龙。"

神宗说："诸葛孔明被人称作'卧龙'，东汉颍川有'荀氏八龙'，难道他们都是人君吗？"

王珪哑言，无话可说。

二人退朝时，章惇质问王珪道："你想害死苏轼全家吗？"

王珪涨红了脸，搪塞道："这是舒亶讲的。"

章惇站在宫殿外的台阶上大叫："舒亶的口水，也是可以吃的吗？"

此时的章惇尚未恶性膨胀，但他日后却与苏轼纠缠不休。

舒亶献诗失败了，右相王珪还在神宗面前碰了一鼻子灰，遭章惇一顿臭骂。北宋政坛很有意思，论官职，章惇比王珪差了几级，却能当众骂他，令这位当朝宰相落荒而逃。

"乌台诗案"牵动四方，杭州、徐州、密州的百姓纷纷为苏轼祈祷。后宫内，太皇太后曹氏、太后高氏都为苏轼求情。曹氏病重，神宗欲大赦天下为祖母消灾求寿，曹氏说：“你也不用赦天下凶恶，只放了苏轼就够了。”

元丰二年（1079）十月十五日，神宗皇帝颁发大赦天下的诏令，苏轼也在赦免之列，暂无性命之忧。然而，李定、舒亶、王珪等人，不愿功败垂成，开始发动最后的舆论攻势，不择手段地对大臣们或裹挟或威胁。一时间，朝野刮起攻讦苏轼的旋风。神宗又举棋不定了。

张璪则对囚犯苏轼封锁外面的消息，每日恫吓，比如追问苏轼祖上五代。按宋律，只有死刑犯才追问五代，苏轼自忖性命难保，藏下平时按量服用的青金丹，准备吞金而亡。偏偏有一天，他收到了一个死亡信号：送饭的人送来了一条鱼。入狱前，他与长子苏迈曾有约定：送鱼意味着难逃死罪。

看着摆在面前的鱼，苏轼万念俱灰。生死关头，他格外怀念弟弟苏辙和自己的妻儿，凄然写诗：

圣主如天万物春，小臣愚暗自亡身。
百年未满先偿债，十口无归更累人。
是处青山可埋骨，他年夜雨独伤神。
与君世世为兄弟，再结来生未了因。

这是《予以事系御史台狱，狱吏稍见侵，自度不能堪，死狱中不得一别子由，故作二诗授狱卒梁成，以遗子由》二首的其一，表现出苏轼对家人的深深眷恋之情。

在苏轼心里，自己一死不足惜，到处的青山都可以埋葬骨骸，只是当年在京城考取功名时，与弟弟深夜共读，曾相约在雨夜对床而眠的盟誓再也无法实现了。或许，此后每年夜雨潇潇的时刻，子由都只能独自伤心。今生缘尽，苏轼希望把未了的因缘付诸来生，与亲爱的子由世世代代都做兄弟！

显而易见，这是一首绝命诗。苏轼在诗中表达了与苏辙之间浓厚的手足之情，并交代了后事，将一家十余口托付给苏辙。后来高太后读到此诗，泪如雨下。

其实，一切都是误会。送鱼的人不知情，送错饭菜了。那天苏迈因钱粮用尽，出城借贷，遂委托他人探监，但忘了叮嘱此人万不可送鱼。结果阴差阳错，让苏轼误以为自己在劫难逃了。苏轼饱受精神上的煎熬，却写下了千古诗篇。

再说神宗，他为苏轼的案子十分头疼，这时一个关键的人物出来讲话了，他就是闲居金陵的王安石。他向神宗呈了札子之后，朝廷百官便紧张地注视着，打听着，亲者、仇者分成截然相反的两派，毕竟神宗敬王安石如父执，他的意见对时局有很大的影响。

不久之后，札子的内容公开了。

王安石说："安有盛世而杀才士乎？"

一锤定音。至此，神宗终于下定决心赦免苏轼。然而，几个月以来，御史台的言官们群攻苏轼，他不能不慎重考虑，也想亲自验证苏轼是否真的怀有不臣之心。怎么办呢？他想了很久，想出一个主意，派一太监潜至乌台观察苏轼的动静。几天后，太监回宫报告："苏轼夜里睡觉，鼾声如雷。"神宗高兴地对左右说道："看来苏子瞻心中坦荡，并未藏奸。"于是派人复审此案。

十二月二十八日，历时一百二十多天的“乌台诗案”结案：苏轼以团练副使贬黄州，不得签书公事。涉及此案的大小官吏也受到不同程度的处分：驸马王诜，责授昭化军节度行军司马；苏辙贬官筠州，为酒监；王巩被贬到岭南宾州；张方平、李清臣各罚铜三十斤，司马光、范镇、陈襄、李常、黄庭坚等各罚铜二十斤。

从案发到结案，爱戴苏轼者喜极流泪，小人则向隅而叹。当时就有《乌台诗案》一书刊行于世，可见影响之大。赵宋立国以来，这是第一次震动朝野的文字狱。整个过程像一部大戏，一波三折，悬念高潮迭起，各色人等活跃。

元丰三年（1080）的正月新年，汴京城沉浸在节日的欢乐中，鞭炮声响，苏轼在御史台士卒的监视下，离开京城，赴湖北黄州。他的长子苏迈，徒步跟随。这个刚刚二十一岁的青年，从小过着安逸的生活，在这一年里，却突然成长起来。即使是苏轼，也对这个儿子赞赏有加。

然而，由于连累了许多朋友，苏轼自责不已，他在《出狱次前韵》中写道：“平生文字为吾累，此去声名不厌低。塞上纵归他日马，城东不斗少年鸡。”

尤其是贬官最远、责罚最重的王巩，苏轼每次念及，内心便哀叹不已。王巩出身富贵，乃名相王旦之孙，被贬官宾州期间，殇一子，自己又几乎病死。对此，苏轼愧疚不安，他先后写过许多书信给王巩。幸而王巩天性豁达，在宾州虽然生活艰苦，却能够养心怡情，自得其乐。因正直的品格，以及与苏轼兄弟的真挚友情，王巩也为同代人以及后世之人所欣赏。

苏轼劫后余生，有许多现实的问题需要考虑。他与弟弟同时贬官，两家都面临迁徙的动荡，一家老小如何安排？苏轼作为犯官，来去没有自由，只能写信给弟弟，让他到陈州进行商量。陈州是去黄州的中途站，再加上文同去年在陈州病逝，后事尚未料理，因而陈州便成了苏轼必去之地。

苏轼到陈州后，多方借钱凑银，让文同的灵柩得以归四川老家。而苏辙到达后，兄弟二人匆匆议定家事，又只能匆匆分别。相聚时光短暂，苏轼去黄州前途未卜，苏辙很是担心兄长。见此情景，深处苦难的苏轼不肯沉溺于悲哀，反而安慰弟弟，黄州虽然偏僻，却也是安身立命之地。

就这样，得意时不忘朋友、倒霉时惦记亡友的苏轼，辞别文同家人，告别弟弟苏辙，继续上路了。

第五章 何妨吟啸且徐行

坡仙：无黄州，不东坡

苏轼被贬为黄州团练副使，照例上谢表，语气和《湖州谢表》的倨傲不同了，但也毫无乞怜之态，依旧不卑不亢：“伏念臣早缘科第，误忝缙绅……亦尝召对便殿，考其所学之言；试守三州，观其所行之实……”罪臣上表，却并不回避自己的才学和实干，至于神宗看了谢表会怎么想，他也不去计较。此时他仍能直接表达内心所想，足以说明他有着过人的勇气。

元丰三年（1080）二月，天气尚未回暖，苏轼经长途跋涉，抵达黄州（今湖北黄冈）。黄州在大江之滨，地势高低不平，城内百姓较少，给人一种凄凉萧条的感觉。苏轼因是犯官，没有官舍，便暂居在黄州城内的寺庙定慧院。

在寺院内安顿下来，苏轼白天几乎都闭门不出，晚上才独自外出，游荡于夜色之中。飞来横祸，彻底粉碎了苏轼希图在政治上有所作为，然后再功成身退的幻想。乌台的折磨，贬所的荒远，一路上还有御史台的台卒押着，巨大的精神压力，谁能处之泰然？纵然是豁达乐观如苏轼，一时间也难以承受。

他对自己的遭遇感到怅然，对那些处心积虑陷害他的小人感到不屑，心情可谓复杂。在矛盾交织中，他写下了《初到黄州》：

自笑平生为口忙，老来事业转荒唐。
长江绕郭知鱼美，好竹连山觉笋香。
逐客不妨员外置，诗人例作水曹郎。
只惭无补丝毫事，尚费官家压酒囊。

苏轼年少成名，名动京师，天子盛赞有加，重臣亦多夸赞提携。待步入仕途，虽因反对变法而外放地方为官，却依然深受皇帝欣赏，历任密州、徐州、湖州三州知州。然而，一场“乌台诗案”，他下狱受审，以罪臣之身贬谪黄州。经此变故，年轻时的抱负均成泡影。半生辗转多地，在他看来，只能说为口腹生计而奔忙。时年四十四岁的苏轼，甚至觉得自己一生的仕途无望了。

此时，苏轼的正式官衔是责授检校尚书水部员外郎，充黄州团练副使。团练副使原本是地方的军事助理官，但苏轼却只是“本州安置”，无权参与公事。至于水部员外郎，是工部第四司水部的副长官，南朝梁的何逊和唐朝的张籍这两位诗人都曾担任此职，但苏轼相比他们，也只是代理，非正任之官。他成了名副其实的贬谪官员，没有权利，俸禄微薄，仅能勉强维持生计。

处境虽艰，但一切都不能击垮他。既来之，则安之。尽管寄居僧舍，每日粗茶淡饭，他却发现了偏远黄州的美好。这里三面为长江环绕，鱼儿肥美，竹林众多，似乎行在路上都能隐约闻到竹笋的香味。也许，苏轼此时又有了一些憧憬……

苏轼到黄州两个月后，即五月底，苏辙护送苏轼的家眷来与他汇合。大半年离别，恍如隔世。

因苏家人口众多，黄州知州徐君猷为苏轼另辟一处居所——临皋亭。临皋亭属官府建筑，罪臣本不可以入住，徐知州却为苏轼破例。新居不算宽敞，但周遭风景甚好，与武昌城隔江相望。

苏轼《致范子丰书》说："临皋亭下八十数步，便是大江，其半是峨眉雪水，吾饮食沐浴皆取焉，何必归乡哉。江山风月，本无常主，闲者便是主人。"

这段话很有意思。或许苏轼是因为念念不忘家乡，才会安慰自己"何必归乡哉"。临皋亭下的江水半是峨眉雪水，而家乡眉山就毗邻峨眉山。

至于谁是江山风月的常主呢？苏轼说是闲人。闲人又是什么人呢？显然不是无所事事的人。忙于政务是忙人，身处江山是闲人，但苏轼的闲，不如说是另一种忙碌。他忙着生活，忙着静观天地万物的律动，应对纷至沓来的灵感。这忙，却不是追名逐利的匆匆忙忙。人的眼睛一味盯着功利，视野、胸怀会收缩，享受生命的能力便会降低。对此，苏轼提供了相反的，也许是最具说服力的例证：生活远比功利宽广，生活的完整性比什么都重要。

随着时间的推移，苏轼逐渐改变了在黄州昼伏夜出的习惯，但他的内心依然有些孤独。知州徐君猷待他不薄，却仅限于为他安排居所，接触甚少，毕竟他是罪臣。苏轼的著名信件《答李端叔书》说："得罪以来，深自闭塞，扁舟草履，放浪山水间，与樵渔杂处，往往为醉人所推骂，辄自喜渐不为人识。平生亲友无一字见及，有书与之亦不答，自幸庶几免矣。"

混迹于庶民之间，在乡野小店喝点儿劣酒，常被醉汉推骂，苏轼反而感到高兴。推几下，骂几句，可比京城那帮小人的持续围攻好受多了。苏轼从这样的角度感受事物，看似寻常，其实非凡，称得上是一种修炼。亲友躲着他，“有书与之亦不答”，他很不舒服，但字里行间的痛苦隐而不彰，这就叫高贵。

苏轼内心的苦闷没有朋友可以分享，只能独自消化，他自斟，自饮，自己游荡。一天夜里，他在不知不觉间又走到了离定慧院较远的长江之畔。独自伫立在江边，观月夜之景，他有感而发，咏出一首《卜算子·黄州定慧院寓居作》：

缺月挂疏桐，漏断人初静。谁见幽人独往来，缥缈孤鸿影。
惊起却回头，有恨无人省。拣尽寒枝不肯栖，寂寞沙洲冷。

夜深人静，一弯残月挂在稀疏的梧桐树梢。幽居人独自往来，仿佛那缥缈的孤鸿身影。远处，孤独的鸿雁突然惊起，回头四顾，发出一声悲鸣。它内心似有怨恨，却无人知晓。它在树丛之间盘旋，但挑遍了月夜里的寒枝，也不肯迁就栖息，最后甘愿落在寂寞凄冷的沙洲之上。

这首词为词中名篇，境界高妙，物我交融。苏轼借月夜孤鸿这一形象托物寓怀，表达了初到黄州时的苦闷与凄凉的心境。然而，全词并无自怨自艾的颓废基调，选景叙事均简约凝练，风格清奇，表达出苏轼孤高自许、蔑视流俗的心境。前人称赞此词：“似非吃烟火食人语。”

苏轼琢磨孤独，也试图从孤寂中提取生命的能量。历代高僧都有这能耐，苏轼虽不曾出家，却也研究佛学。城郊有座安国寺，他常去焚香静坐，眼观鼻，鼻观心，物我两忘，“表里翛然，得垢秽尽去之乐”。然而生命的律动不可休止，他写信给朋友说：“若世之君子，所谓超然玄悟者，仆不识也。”

苏轼向佛，重两点：静与善。动辄得咎，退而为静，静又反观生命的律动，以期重新跃入生活的激流。苏轼求僧问道几十载，始终是静寂与律动的两栖者，他的努力方向就是把异质性的东西集于一身。

他也从佛学的角度，来反思“乌台诗案”的灾祸。他不怨天尤人，而是从自身找原因，认为自己遭受诋毁，是因为口业太盛，妄论厉害。但他的这种自我反省，并不是全盘地自我否定。他依然坚持为国家和人民做实事的信念：“忠义填骨髓，直须谈笑于死生之际。”

苏轼多欲而向善，既是反求诸己、三省吾身的结果，又取决于他对“恶”的领域的深广体验。不知恶，焉知善？有趣的是，苏轼始终相信善的领域更广一些。犹如佛法无边，能使恶魔皈依。

他念佛，沐浴，梳头，钓鱼，采药，投身于日常生活。他也长时间打坐，斜倚山坡看云，慢慢清理思绪。他顶住了压力，现在却要拆掉“千斤顶”，让通身的感觉朝着自然与细腻的人事敞开。伟人的转身，真是叫人叹为观止。

苏轼念佛而不吃斋，一切随缘又随意。北宋两大高僧佛印和参寥都是他的好友，他们互相影响，留下了许多妙趣横生的掌故。此外，苏轼沐浴、梳头皆有讲究，还研究梳头与睡眠的关系，兴致勃勃地向别人推广他的成功经验。他采药，尝百草，攀峭壁，后来与人合编了一部颇有价值的医书《苏沈良方》。他的烹调手艺更不一般，将孟子的教导“君子远庖厨”抛在脑后，发明的美味佳肴数不清，今日尚有“东坡肘子”“东坡鱼”“东坡肉”“东坡羹”“东坡饼”……

苏轼爱好颇多，还喜欢收集沙滩上的小石头，或因形状，或由色泽。在黄州，他收集了二百九十八枚“细石”，列于铜盆之中，名曰“怪石供”。他也琢磨私家园林，不厌其烦地给人家提意见。他和渔夫、樵夫打成一片，软泡硬磨要听父老讲故事，村里家家户户的大事小情，他听不够，还想听祖祖辈辈传下的故事……

一个人，如果他既有经天纬地之才，又能醉心于周遭，纵情于生活，那他就跟神仙相差无几了。苏轼生前，已被人呼为“坡仙”。

古代人杰，如嵇康、葛洪、李白，苦苦寻仙不得一见，身上却有了仙气。这挺有意思。可惜近现代，仙气或神性在生活中消失殆尽，人们肆意破坏大自然系统和法则。也许五十年，也许一百年，人类将收敛狂妄自大，遏制无尽的自私与贪婪，重新回到敬畏天地和尊重自然的良好心态中。

生活的智慧，现代人需要学习的东西有很多。回头看看苏轼这位全景式的生活大师，方知我们多么单调、贫乏、浮躁、轻狂。

人间万事，没有什么比生活更重要。生活的意蕴层由若干核心元素构成，包括苏轼强调的风俗、道德。行文至此，我们要加上神性、诗意、日常趣味、个体差异。当然，金钱或物质基础乃是题中应有之意。种种核心元素，去掉一个，生活就要出问题；去掉一半，生活将趋于面目全非。而放大其中的某个元素，后果同样堪忧。“物质”跑出很远了，“精神”当奋起直追。说到底，人之为人，除了精气神，余下还有什么呢？

苏轼个体生命之强悍，意志之坚韧，举止之平和，古今人类罕见。而贬居黄州，可谓见证的开端。

谁能伴我田间饮

在黄州，苏轼的政治理想虽然跌入低谷，却有美神、爱神携手而来。苏轼在杭州收留的侍女王朝云，如今已亭亭玉立，举止曼妙，艳光四射。即便十几年之后，她已三十多岁时，苏轼还写诗赞美她的容貌："素面常嫌粉涴，洗妆不褪唇红。"雪白的肤色，鲜红的嘴唇，天生丽质不需装扮。

王朝云是在苏轼身边绽放的一朵鲜花。

苏轼志存高远，性情豁达豪放，本"不昵妇人"，却与王朝云两情缱绻，阴阳调畅。他亲手培养了王朝云的才情，而灵动的王朝云反过来又催生了他的艺术灵感。黄州是苏轼创作的"井喷期"，佳作有如钱塘江的潮水一浪赶一浪，这主要有两个因素：一是苦难中朝着自然与审美的转身；二是佳人的爱情热烈而又绵长，激发了创作的冲动。

王朝云是机敏的女子，潜心学习，琢磨生活，苏轼称赞她"敏而好义"。她不仅与苏轼心心相印，对环绕着苏轼的家庭氛围也很敏感，与苏轼的夫人王闰之相处得比较融洽。或许，正是在王朝云的努力下，王闰之才不大吃醋。苏轼此间还写下了表扬王闰之的诗句："妻却差贤胜敬通。"在苏轼看来，他是幸运的，妻子比汉朝冯敬通的悍妻大度多了。

王闰之的确是位贤妻，虽不能与苏轼诗文相应，却在生活上给了苏轼最有力的支持。苏轼贬官黄州，俸禄以实物折支，非常微薄，而全家二十余口需要养育，经济压力很大。王闰之便与苏轼一起计划开支，他们根据黄州当地的消费情况，每月初一取出四千五百钱，作为一个月的生活费，再将这些铜钱分成三十份，吊在屋梁上，每天用叉子挑取一份。到了月末，若有盈余，另存于竹筒中，用来款待好友，接待宾客。

举家厉行节约，王闰之堪称能手。昔日的太守夫人，不但将金钗银簪送进了当铺换钱，而且眼下穿着的衣裳也常有补丁。乳娘任采莲更有高招，她将一块用盐水浸泡过的咸猪肉悬于饭桌旁，小孩儿想吃肉，便望望咸猪肉。这叫“咸肉止馋法”。苏迨、苏过年幼，望着猪肉不眨眼时，任采莲会说：“快拨饭，不怕咸呀？”苏过告发哥哥苏迨盯着咸猪肉看了好几眼，任采莲又说：“不管他，咸死他！”全家哈哈大笑。

尽管苏轼带领全家节约，但因为在黄州的朋友越来越多，造访的客人接二连三，家里的开销捉襟见肘。苏轼又最怕朋友少，即便是乡野之人，只要上门了，他必定留客吃饭。黄州这地方也不是年年风调雨顺，碰上旱灾、雨灾怎么办呢？为长远计，苏轼不能不想办法。在朋友马梦得的周旋之下，黄州知州徐君猷解决了苏轼的难题，把一块废弃的兵营之地拨给苏轼。这块地位于城东的小山坡上，约五十亩。于是，苏轼率领全家开荒种地，除荆棘，搬瓦砾，挖水渠，全家老小挥舞着锄头扁担，每天累得一身汗。

艰苦的耕耘，苦中有乐。远道而来的朋友，比如眉山人巢谷、陈慥（陈希亮的儿子），京师小吏马梦得，杭州高僧参寥，本地人汪若谷、吴齐万、古耕道，见到苏轼开荒种地，二话不说，也加入了垦荒队。马梦得与苏轼同年，性情诙谐，喜欢插科打诨、唱歌哼曲，苏迨、苏过很喜欢跟在他后面。

麦子种下了，初春一片新绿，入夏满目金黄。这块新垦的荒地，因位于黄州东门之外，苏轼将其取名为“东坡”，并自号“东坡居士”。苏东坡三个字，从此在中国历史上响彻千年。

后来，陆游《入蜀记》也记载了他亲眼所见的东坡：“十九日早，游东坡。自州门而东，冈垄高下，至东坡则地势平旷开豁。东起一垄颇高，有屋三间，曰居士亭。亭下面南一堂，颇雄，四壁皆画雪。堂中有苏公像，乌帽紫裘，横按筇杖，是为雪堂。……又有四望亭，正与雪堂相值。在高阜上，览观江山，为一郡之最。”

凡是热爱生活的人，想必都会热爱废营地开垦出来的东坡，那夏风中的麦浪、秋风中的稻浪，在心头荡漾，别有一番滋味。

在东坡边上，苏轼还建造了一座五间房的农舍，称为“雪堂”。苏轼在坡地上劳作，累了便会在此歇息，一天中的大半时间也就逗留在此，会客或者读书。雪堂四壁的雪景图出自他的画笔，堂前匾额上的四个大字“东坡雪堂”是他的手迹，一切尽显文人气息。但这高雅之处却是谁都能来，包括城里的穷秀才，村中的流浪汉，以及蹭酒喝的、打秋风的、说旧事的。访客多了，主妇难免皱眉头，暗暗担心家用不足。其实客人也知趣，一般不会空手而来。对此，苏轼用家乡土话打趣：“来就来嘛，何必又提又抱又扛的。”

苏轼在田间劳作，王朝云便负责饷田。她带来美酒，迎着麦田里的微风飘然而立，婀娜的身姿点燃了周遭风景，一切都是那样恬淡美好。苏轼割麦子累了，便喝王朝云挎篮携来的美酒。心情舒畅了，他会斜倚田埂看悠悠白云，托腮赋诗："谁能伴我田间饮？醉倒惟有支头砖。"不避艰辛而诗意栖居，或者说，唯知酸甜苦辣，方能懂得诗意栖居。谁以为弄个豪宅就有诗意，那是痴人说梦。试问古今豪宅，何处可比东坡雪堂？

日本、德国、韩国、美国的汉学家，惊叹苏轼应对磨难的力量竟如此之大。高官更兼大文豪，做苦力却轻描淡写，凸显给世人的倒是沁人心脾的诗意景象。须知耕种绝非易事，家中十余口，没有一个是种田好手，苏轼事事请教老农，附近的农民都成了他的朋友。他写诗描绘此事，幽默而又豪迈："腐儒粗粝支百年，力耕不受众目怜。"

苏轼的天性是乐于待在人群中的，却又完全不是"人来疯"。大师之妙，妙到毫厘。有一天，他在雪堂忙碌，等客上门，忽然说："吾上可陪玉皇大帝，下可陪卑田院乞儿。"上下几千年，能出此语者，恐怕只有苏轼。

他能穿越社会各阶层，洞察各领域，以伟岸之躯融入茫茫大地，既汲取能量，又广施悲悯。贬黄州期间，他无权无钱，却舍下脸面去调动"人脉资源"，大力革除江对岸武昌城（今湖北鄂州）溺女婴的陋习，让数不清的女婴存活下来，健康地长大。

中国文化铸就了苏轼的伟岸，我们为此甚感欣慰。谁能说华夏五千多年的文明，没有蕴含着足以傲视西方的普世价值呢？

苏轼曾说："吾眼中无一个不是好人。"这不是说大话。日后有个人，弄得他家破人亡，使他几乎九死蛮荒，这不共戴天之仇，他却在有能力报复的时候，轻轻一挥手，宽恕了对方，还提醒对方保重身体。通过他，我们才知道，悲天悯人并不是一句高调的空话。他诠释了人的精神可以喷发到什么样的高度和广度。通常意义上的各类人杰，是不能跟他比的。

苏轼作为一名好官，是民本的；作为坚实而丰富的个体，是人本的。人本并非官本的对应物，人本通自由。自由又通向什么呢？研究苏轼，如果想避免一再走入故纸堆的话，不妨将眼界拓宽一些。比如一个人类学学者，或一个现象学学者，可能会在苏轼身上看到很多新东西。

在黄州，苏轼常被人拉去喝酒，因不胜酒力，他便花费半年时间自酿蜜酒。然而，客人喝下蜜酒却拉肚子，他只好宣布酿酒失败，以后继续研究。在朋友家中饮酒，闻到酒香他就醉了一半。祖父苏序豪饮，这基因没传给他；即使久经官场文坛，他也锻炼不出来，一辈子遗憾酒量太小。不过，他写醉书、画醉画、填醉词却很在行，稍不留神就是千古绝唱。且看《临江仙》：

夜饮东坡醒复醉，归来仿佛三更。家童鼻息已雷鸣。敲门都不应，倚杖听江声。

长恨此身非我有，何时忘却营营？夜阑风静縠纹平。小舟从此逝，江海寄余生。

善于做考证的胡适先生曾表示疑惑：“家童怎么会鼻息如雷鸣呢？”不过，联系苏轼在考场上也要杜撰圣人典故，胡适释然一笑。文人的作品，用一些夸张手法、化用一些典故也是常见之事。

这首词很快传到知州府邸，徐君猷慌了，“以为州失罪人”。他急忙跑到苏轼的寓所，看了之后，马上松了一口气，笑自己太过慌张。原来苏轼正在堂上高卧，并未“小舟从此逝，江海寄余生”。

从词中透露的时间看，苏轼在江边待了半夜。他倚杖听江声，却听见了人事纷扰，嗅到了虚无的气息，不由自主地要朝虚无的领地奔跑。当然，他对“虚无”的体验有多深，对生活的热情就有多高。他虽然渴望自由，但在他看来，自由既在江海，又在人世，二者形成特殊的张力，因而他心向自由而置身人世，不避人生喧嚣。这样的生存姿态，在他身上达到了一种和谐的境界。

苏轼贬到黄州，一变而为苏东坡。他在民间，在野地，在浓烈爱情的光照中，在至亲良朋的环绕下，出人意料地精神抖擞，鲜明的形象甚至盖过了他身为官员留给人的好印象。历史上像他这样的好官并不罕见，但是作为杰出艺术家，作为人的韧性、丰富性的阐释者，他是罕见的。身处逆境而笑声爽朗，一般人做不到，所以人们称他“坡仙”。他浑身散发的仙气和李白的不同：李白天马行空，而苏轼归属大地的广袤与神秘。换个比喻说，李白像天仙，苏轼如地仙。

在农家生活的熏陶下，苏轼越来越像个大男孩儿，而生活回馈给他的，也是诸多美好。尽管黄州生活艰苦，王朝云却有了身孕。苏轼欢天喜地，有时整日不出门，围着孕妇，听胎动，做美味，陪散步。苏轼此前已有苏迈、苏迨、苏过三个儿子，他端详王朝云的面容说：“兴许是个女孩儿。”然而，生下来的还是男孩儿，眉角格外像他，抓周时单抓书和笔。对此，苏轼与王朝云相视而笑，为孩子取名苏遁。遁者，逃亡矣。在京师斗不过那帮小人，逃向民间总是可以的吧？

苏轼在《洗儿》中云：

人皆养子望聪明，我被聪明误一生。
惟愿孩儿愚且鲁，无灾无难到公卿。

此诗语气戏谑，基调反讽。一个“望”字，写尽了世人对孩子的无限期待；一个“误”字，道尽了自己的悲惨遭遇。

苏轼郁闷时言辞尖刻，高兴了又要讽刺人。做官做到公卿，原来有诀窍：不是聪明，而是愚蠢加鲁莽。

他讲的聪明，是指政治远见及与之相应的良好操守。而事实上，官场小人绞尽脑汁弄权术，深文周纳，将愚且鲁变成了他们官至公卿的手段。苏轼对此十分不屑。他还会被自己的聪明“误”下去，直到停止呼吸。

在闲适中通达人生

元丰五年（1082），苏轼到黄州已经两年多了，朝廷没有重新起用他的迹象，外部环境也没有任何变化，但他的心灵世界却大不同前，迈上了一个新的境界。

贬谪生涯的前两年，在困苦无望、凄凉萧瑟的处境下，苏轼曾经也和常人一样感到悲哀，吟咏过“饮中真味老更浓，醉里狂言醒可怕”那样惴惴不安的诗句，也在《答李端叔书》中写过“自得罪后，不敢作文字”的退缩之语，但他没有被这种阴郁的情绪长期主宰。相反，他从最艰难的境地里走了出来，淡定地享受了这份闲适，投身于耕作、游览、读书、书画之中。

胸襟坦荡的苏轼，似乎永远有足够的勇气面对现实，他淡然地承受命运的波折，也不断解决生活带来的难题。苏轼在黄州，因俸禄微薄，经济上一直比较窘迫，尽管在朋友的帮助下得以在东坡耕作，但东坡毕竟属于官府属地，长久来说没有保证。元丰五年三月，苏轼思量再三，计划在黄州买田置产。朋友们听说后，便向他推荐了位于黄州东南三十里处的沙湖。

沙湖地处山谷之间，土地肥沃，收成较高。苏轼考虑一番，决定亲自前去勘查，而他的朋友们也欣然陪同前往。那天，风和日丽，几人一路前行，欣赏宜人景色，谈笑风生。突然，风雨忽至，同行的朋友们深感狼狈，苏轼却吟咏自若，缓步而行。没多久，雨水散去，天空放晴。这场来去突然的大雨令苏轼感触颇多，他有感而发，写下了《定风波》：

莫听穿林打叶声，何妨吟啸且徐行。竹杖芒鞋轻胜马，谁怕？一蓑烟雨任平生。

料峭春风吹酒醒，微冷，山头斜照却相迎。回首向来萧瑟处，归去，也无风雨也无晴。

天地悠悠，风云变幻莫定。风雨来时，莫要去听雨水穿林而过、敲打树叶的声音。此情此景，何妨放开喉咙，高声吟唱，从容而行。脚穿草鞋，手执竹杖，便胜过骑马。这些事情，又有什么可怕的呢？披一身蓑衣，任凭风吹雨打，照样可以过好一生。

此时正是春寒料峭，风吹散了苏轼的酒意，他略微感到一丝寒冷，但山头的斜阳却迎面照射而来。回首来时风雨潇潇的情景，待到归去，无所谓风雨，也无所谓天晴了。

这首词是苏轼旷达人生的自我表白，篇幅虽短，但意境深邃。通过途中偶遇风雨这一件生活中常见的小事，于寻常处生奇景。无论是雨中的淡然，还是雨后的平静，都体现出苏轼在坎坷人生中力求宠辱不惊的人生理想。

苏轼前往沙湖相田，但田未买成，左臂却肿痛起来。他听闻名医庞安常医术高明，擅长针灸之术，遂前往求疗。果然，庞安常仅用一针便将苏轼治愈。而博古通今、颖悟绝人的庞安常，也与苏轼甚为投缘。两人相谈甚欢，到苏轼病好后，便结伴同游蕲水县的清泉寺。

清泉寺下临兰溪，这里风光自然明丽，雅淡清美。遍布溪水两岸的兰草，在暮春三月已然抽出嫩芽，生机盎然。而松林间的沙石小路，或许是受到了春雨的冲刷，洁净无泥。日暮时分，布谷鸟也在潇潇细雨中，欢快啼叫。面对此景，苏轼甚为欢欣。更令他感到意外的是，兰溪的溪水竟然西流。他震撼之下，咏出了玲珑剔透的珍品《浣溪沙》：

山下兰芽短浸溪，松间沙路净无泥，萧萧暮雨子规啼。
谁道人生无再少？门前流水尚能西，休将白发唱黄鸡。

因地势西高东低，中华大地的河流，一般向东而流。而流水东逝，也成了许多文人心中时光流逝的意向。南唐后主李煜做了北宋的俘虏后，便曾写词哀叹：“自是人生长恨水长东！”

苏轼站在清泉寺前，看见水往西流，心中自是有许多感慨：水尚且能够倒流，谁说人生不能重返朝气蓬勃的少年呢？一味在老年感叹时光流逝，岂不是太过消沉！通过溪水西流的反常现象和雨中的南方初春风光，年近半百的苏轼表达了老当益壮、自强不息的精神，洋溢着一种奋发向上的人生态度。

利用贬官黄州的这段闲适时光，苏轼也积极投身于著书立说。他开始潜心研究《论语》，前后用了大约一年时间写成了《论语说》五卷，详细阐明了孔子的思想。接着，他又续写《易传》一书。这是苏轼的父亲苏洵在晚年一心致力的事业，但未写完便遗憾离世。苏洵临终前，曾交代苏轼、苏辙兄弟完成他的遗愿。然而，两兄弟因常年为仕途奔波，很少有闲暇时光，而黄州的贬谪生涯正好为苏轼提供了机会。他开始埋头整理父亲的遗稿，将弟弟的札记融入其中，并加入自己的认知和感悟，整理成书。《论语说》和《易传》分别训释了儒家经典《论语》和《易经》，代表了苏轼的学术思想。尤其是《论语说》，后世评价甚高，许多条目也被朱子的《论语集注》《论语或问》所征引。

苏轼著书立说的同时，还沉醉于读书。他读书的范围很广，包括佛经、史书和文集等。他爱书成痴，无论白天忙于何种事物，到了晚上，他都要取出书籍，读上一阵才肯就寝。苏轼不仅读书，还喜欢抄书。就是在黄州期间，他把几十万言的《汉书》抄了一遍。抄书是他的读书方法之一，不仅能加深印象，还可练习书法。抄书的时候意在别处，性情反而容易直泻笔端。苏轼的书法珍品《黄州寒食帖》，就是他随意而为的巅峰之作。

“诗不求工字不奇，天真烂漫是吾师。”为人、为官、为艺术，苏轼皆随意。随意是他生命中的关键词，是他在人生中自然体悟的，犹如陶渊明的浑身静穆，杜甫的沉郁顿挫，李白的自由奔放，李清照的寻寻觅觅，鲁迅先生的“出离愤怒”……这类大境界，学是学不来的。

尽管随意而为，苏轼的书法、绘画却跃上了一个新的台阶。襄阳米芾慕他大名，在马梦得的引荐下，不远千里前来拜访。米芾当时年仅三十一岁，但在书画方面造诣精深，声名远扬。米芾先到金陵拜会王安石，然后到黄州谒见苏轼。对这两位闻名天下的大人物，米芾“皆不执弟子礼，特敬前辈而已”。

苏轼却不在乎米芾的礼仪，他见到这位书画奇才，十分惊喜，热情地招待他在东坡边上的雪堂住下。两人连日谈书论画，互相探讨书画技巧，引为知己。相逢同道中人，苏轼还将家中珍藏的吴道子画的佛像真迹拿出来，与米芾共同欣赏和品评。欢聚数日，两人皆收获颇多。当米芾告辞回家时，苏轼特意摆酒为他践行，又现场画竹石图送给米芾，作为临别纪念。

这幅《枯木竹石图》，与通常“逐节画竹”的绘画方式不同，是将竹子从底部一笔画到顶端。对此，米芾表示疑惑，苏轼则解释道：“竹子生时，何尝逐节分？”这种从整体上表现竹子特征的绘画方式是文同生前教给苏轼的，但苏轼在运用中，融入了自己的感悟，把枯木、怪石搬到画面中，构成竹石图、竹木图等。这丰富了文人画的意境，在绘画史上留下了浓重一笔。

米芾十分珍惜苏轼的这幅临别赠画，不吝辞色地称赞苏轼的枯木怪石“运思清拔”。后来，这件事被王诜探知，他遂将此画借去欣赏。王诜虽出身显赫，又贵为驸马，却无纨绔之气，在绘画上造诣颇高，尤擅山水画。或许是太过欣赏苏轼的画竹笔法，他从米芾这里借走画作之后，竟不肯归还。面对王诜的“无赖”之举，米芾愤愤不平，但也无计可施。后来他撰写《画史》时，仍不忘此事，在书中毫不留情地记下一笔：“晋卿（王诜字）借去不还。”

众人钦慕苏轼画作，在当时已是一种风行。尤其是苏轼的朋友，近水楼台，更是常来索取。苏轼也不吝啬，总是有求必应。如今，他身边集结的都是趣味相投、至情至性的朋友，爱他字画的人也都是出于真心，不像之前沈括等人那样，只是为了收集他的作品陷害于他。

在索画的这些人中，尤以秀才王十六收获最丰，三年之中竟然收集了两箱字画。他十分珍视苏轼的作品，甚至去汴京读书时，将这些字画交给父亲王文甫保管，都要将箱子牢牢锁住。这令王文甫哭笑不得，他对王十六说："我们不是父子吗？哪里用得着这样防范。"此事也在文人中广为流传，成为大家的笑谈。

尽管字画受人追捧，苏轼却并无骄傲之气，反而谦虚有度，完全不会利用自己的名气去获利，即使是有人将他的画作在汴京、洛阳等地高价售卖，他也并不在意，更没有将自己陷入逐利之中。

苏轼一生都对金钱看得很淡，为官十几年都没有什么积蓄，答王巩诗云："若问我贫天所赋，不因迁谪始囊空。"给朋友写信，也一再提到"难蓄此物（钱）"。纵观古今中外，似乎一切优秀人物都不是拜金拜物之徒，其中的原因很简单：拜金拜物妨碍生命力的喷发。

月夜泛舟，赤壁绝唱

苏轼钟爱山川风物，喜欢游览古迹，但黄州地处偏僻，称得上人文胜景的地方实在少得可怜。唯有赤壁矶，深受苏轼喜爱。

赤壁矶位于黄州西北的长江之滨，是赤壁山的前沿部位，通体为红褐色的岩石，在古时直插江底，形成矶头。因其状如鼻梁，称“赤鼻矶”；又因崖石屹立如壁，也称“赤壁矶”。

赤壁矶风景壮丽，江面开阔，碧水与赤崖相映成趣。而赤壁之上，有栖霞楼、竹楼等建筑，更加方便游人休憩游乐，观赏江景。苏轼经常到赤壁矶游玩，或泛舟江中，或登楼远眺。

有一次，苏轼来到赤壁矶，站在矶头，眺望江面。大江之水，滚滚不断向东流去。四面乱石堆积，两岸悬崖如壁，惊涛骇浪，猛烈地拍打着江岸，卷起的浪花仿佛冬日里的千堆雪。此种景象，甚是壮观，苏轼联想起三国时期孙刘联军大破曹军的赤壁之战，感触良多，写下了《念奴娇·赤壁怀古》：

大江东去，浪淘尽、千古风流人物。故垒西边，人道是、三国周郎赤壁。乱石穿空，惊涛拍岸，卷起千堆雪。江山如画，一时多少豪杰！

遥想公瑾当年，小乔初嫁了，雄姿英发。羽扇纶巾，谈笑间、樯橹灰飞烟灭。故国神游，多情应笑我、早生华发。人生如梦，一樽还酹江月。

实际上，当年的赤壁之战与此地并无关系，真正的赤壁古战场并不在黄州。然而，尽管此地只是地名巧合，苏轼对英雄的感怀却是那样真切。

在这场赤壁之中，曹操亲自率领军队二十余万人，南下进攻东吴。东吴的主帅周瑜则率领孙刘联军五万人，火烧赤壁，大破曹军。此时周瑜年仅三十三岁，英姿雄健，风度翩翩，面对强敌，他从容潇洒，在说笑闲谈之间就将曹军数万只战船烧成灰烬。而在这场著名的以少胜多的战役中，除了周瑜，还有诸多英雄人物，如诸葛亮、刘备、曹操、孙权等人，都是当世之豪杰。

苏轼心中饱含怀古豪情，对英雄人物充满敬意。再联想到他自己，功业未就，未老先衰，鬓发斑白。可是曾经，他也是像周郎那样英姿勃发、笑傲人世的青年才俊，如今却只能在江边凭吊古迹。不过即使是周郎，最终也淹没在历史长河之中。或许，人生本就如同一场朦胧的梦，只有奔流不息的江水、亘古不变的明月才是永恒的存在。想到这儿，他举杯祝月，安然享受无边夜景。

这首词，是豪放词的代表作之一，充满波澜壮阔的历史感。全词借古抒怀，雄浑苍凉，通过月夜的壮美景色，以及风流人物的气度和功业，曲折地表达了苏轼自己功业未就的忧愤之情，同时也表现出苏轼雄厚的历史感和旷达的人生心境。这首词境界宏阔，将写景、咏史、抒情融为一体，被誉为“千古绝唱”。

元丰五年（1082）七月十六日，苏轼又一次到赤壁游玩，这次有杨世昌等友人一起前往。杨世昌是个道士，常年游历各地。他多才多艺，在绘画、乐器方面均有成就，还通晓天文、历算和星象，又懂得酿酒、炼丹等。他到黄州看望苏轼，索性在苏轼的雪堂里住了下来，直到第二年才离去。

他们同游赤壁，喝酒，诵诗，吹箫。夏末初秋的夜晚，风清月白，水波不兴，一行人荡舟水上，煞是惬意。于此良辰美景之际，苏轼的思想和感悟也如脱缰之骏马，自由自在地穿行于天地万物与时空之中。

茫茫大江之上，一轮明月照着苏轼的沉思，名篇《前赤壁赋》由此诞生。苏轼以充满诗意的笔调，记录了这一夜的漫游场景：

> 壬戌之秋，七月既望，苏子与客泛舟游于赤壁之下。清风徐来，水波不兴。举酒属客，诵明月之诗，歌窈窕之章。少焉，月出于东山之上，徘徊于斗牛之间。白露横江，水光接天。纵一苇之所如，凌万顷之茫然。浩浩乎如冯虚御风，而不知其所止；飘飘乎如遗世独立，羽化而登仙。

明月从东山升起，在斗宿与牛宿之间徘徊。白茫茫的雾气横贯江面，水光连着天际。苏轼和友人驾着一叶小舟，在苍茫的水面上随意漂浮，像乘风凌空而行，又像离开尘世飘飞而起，仿佛进入了飘逸的仙境。

画面如此动人，沉思又指向何处？苏轼在文中给出了回答：

寄蜉蝣于天地，渺沧海之一粟。哀吾生之须臾，羡长江之无穷。挟飞仙以遨游，抱明月而长终。知不可乎骤得，托遗响于悲风。

苏轼觉得自己如同朝生暮死的蜉蝣一样，短暂地寄生在广阔的天地之间，又像沧海中的一粒粟米那样渺小。他哀叹人生短暂，羡慕没有穷尽的滚滚长江。从内心深处，他想要和仙人携手遨游，与明月相拥，永存世间。然而，他知道永生终究不能实现，所以，只能将这种遗憾化作箫音，寄托在秋风之中。

这里，庄子浮出水面了。古代文人的思考一般都会碰上老庄。老庄玄奥，苏轼的思考却紧贴自然与人事。他探讨《易经》的学术著作《易传》也是“切于人事”。他不是哲学家，却是思想者。他对生活、历史、自然充满了哲思，这种哲思是洞见式的，点点滴滴的，既有宏观的把握，又有微观的进入。而他出色的汉语表达，也让思绪显得清晰、优美：

且夫天地之间，物各有主，苟非吾之所有，虽一毫而莫取。惟江上之清风，与山间之明月，耳得之而为声，目遇之而成色，取之无禁，用之不竭，是造物者之无尽藏也，而吾与子之所共适。

在苏轼看来，天地之间，万物各有其主，若不是自己的，即使一分一毫也不去占有。至于江上的清风，山间的明月，则取之无禁，听到便成了美妙的声音，进入眼帘便是优美的景色。这是造物主赐给人类的没有穷尽的宝藏，无论是谁，都可以享受。

齐万物，等生死，同荣辱，共忧乐……苏轼与庄子相隔千年而互为知音。哲人迈向虚无的身形何其潇洒。在苏轼看来，虚无涵盖一切，包括积极进取。这里有一种宇宙式的乐观主义，容积无限大。今之学人动不动就斥为消极，更在于他们无力洞察虚无，而是把思想视为现成在手的东西，摆出一劳永逸的权威性，今天敲敲这个，明天打打那个，结果生活中苦苦追问的思想者，在一片敲打声中自动隐匿了。当然，有效的思索不会永远沉寂，总会获得重新出场的契机。

在赋体散文中，《前赤壁赋》是巅峰之作。中国文化的源与流，到苏轼这儿，呈现出逼近天然的融合之势。

苏轼似乎在赤壁找到了自己的精神寄托，这一年的十月十五日，他再次来到赤壁。那天夜里，苏轼从雪堂出发，准备回临皋亭，有两位客人陪同他一起走过黄泥坂。时值深秋，霜露已降，树叶全都脱落，只剩下光秃秃的树干。在月亮的照射下，他们的身影倒映在地上，格外醒目。不约而同之间，苏轼和友人同时仰头望月，只见月明星稀，秋色宜人。他们相视而笑，一路前行，放声高歌。此情此景，令苏轼游兴大盛。他回家取来王闰之藏了许多时日的酒，而客人也奉上了当天捕到的鲜鱼。他们带上酒和鱼，再次到赤壁游览。而根据这一次的经历，苏轼写成了《后赤壁赋》。

《后赤壁赋》着重描写了自然的神秘和苏轼登岸履险的活动：

江流有声，断岸千尺。山高月小，水落石出。曾日月之几何，而江山不可复识矣。予乃摄衣而上，履巉岩，披蒙茸，踞虎豹，登虬龙；攀栖鹘之危巢，俯冯夷之幽宫。盖二客不能从焉。划然长啸，草木震动，山鸣谷应，风起水涌。

这次苏轼的游兴极高，竟然下船，攀上危险的峭壁。他拨开野草，蹲在如虎豹形状的怪石之上，又不时拉住虬龙一般的树枝，攀上猛禽做窝的悬崖，下望深不可测的江水。然而，这些冒险活动，苏轼只能自己尝试，“二客不能从焉”。据学者考证，二客中的其中一客，就是《前赤壁赋》中提到的“吹洞箫者”，即道士杨世昌。这个道士如闲云野鹤般自由，又体魄强健，无论寒暑阴晴，“泥行露宿”，皆不在乎。然而，年轻而刚劲的杨世昌，爬悬崖、攀峭壁的本事却不如苏轼。后来，苏轼夜访著名的石钟山，再次显露了攀岩本领。

《后赤壁赋》表现的是一种随缘任性的境界，其与《前赤壁赋》呼应，将《前赤壁赋》中对自然与人生的了悟进行了形象地注解。此外，这两篇赋中描绘的怪石、枯木，也成为苏轼画画常用的题材。中国的文人写意画，苏轼开源甚大，已经影响了水墨画近千年。

生命是唱不尽的歌

元丰六年（1083）的春夏之间，苏轼这位坡仙生病了。他得了眼疾和痔疮，两个月不能出门，于是有传言称苏轼已仙逝。谣言越传越像真的，而且传出了千里之遥。居许昌的范镇听到了，立刻放声大哭；神宗皇帝也吃不下饭，连连叹息：“才难，才难！”

但被传“死亡”的苏轼却依然自在悠闲，病情稍见好转就出门去了。有一天，他骑马外出彻夜不归，家人、朋友四处寻找，也未见踪影。原来他和衣睡在一座桥上，桥柱赫然有新词《西江月》：

照野弥弥浅浪，横空隐隐层霄。障泥未解玉骢骄，我欲醉眠芳草。

可惜一溪风月，莫教踏碎琼瑶。解鞍攲枕绿杨桥，杜宇一声春晓。

苏轼在自序中云：“酒醉，乘月至一溪桥上，解鞍，曲肱醉卧少休。及觉已晓，乱山攒拥，流水锵然，疑非尘世也。”

当时夜色深沉，不胜酒力的苏轼醉倒在桥边，斜卧在绿杨桥上进入了梦乡。清风明月，苏轼沉浸在物我两忘、超然物外的境界。

不知道行人碰见他，会做何感想？多半在诧异中蹑手蹑脚，绕开他颀长的身躯。天亮了，布谷鸟唤醒他。他从月夜里的人间仙境醒来，又回到现实的生活……

苏轼的雪堂之中，汇聚了不少友人。不仅有道士杨世昌，还有琴师崔闲、高僧参寥、逃犯巢谷、朝廷重臣景繁等。他们来到黄州，或是长久居住，或是短暂停留，与苏轼建立了极深的交情。

在这些到访的友人中，不得不提到王巩。

王巩在“乌台诗案”中受苏轼牵连最深，被贬到荒远的岭南，但他始终与苏轼保持书信往来。

元丰六年十月，王巩遇赦北归，特意到黄州与苏轼相见。近四年的时光未见，两人回忆旧事，感慨颇多。但苏轼也惊奇地发现，多年生活在荒凉之地的王巩竟比之前更加容光焕发。他有些不解，询问其中缘由。王巩但笑不语，只是叫出侍妾柔奴献歌。

柔奴原本是王巩家里的歌女，王巩被贬宾州（今广西宾阳）时，家眷都留在岳父张方平家里，家奴歌女也纷纷散去，唯有柔奴毅然决然地陪在王巩左右。这三年多的时间里，王巩在宾州访古问道，柔奴则以歌声相伴，以轻语相慰。正是在柔奴的陪伴下，王巩的贬谪生活才没有那么寂寞。对此，苏轼询问柔奴道：“广南风土应是不好？”柔奴回道：“此心安处，便是吾乡。”

没想到柔弱女子竟能脱口说出如此豁达之语，苏轼大为赞赏，立刻填了一首《定风波》：

常羡人间琢玉郎，天教分付点酥娘。自作清歌传皓齿，风起，雪飞炎海变清凉。

万里归来年愈少，微笑，笑时犹带岭梅香。试问岭南应不好？却道，此心安处是吾乡。

这首词以明洁流畅、细腻柔婉的语言，刻画了柔奴的才艺与品格。柔奴多才多艺，能自作歌曲，且歌声轻妙，有风起雪飞的境界，即使是炎热的夏日也变得清凉了。当然，最令人感到敬佩的是柔奴的美好情操和高洁人品。在岭南艰苦的生活中，她依然甘之如饴，淡然豁达。这首词的风格，柔中带刚，空灵清旷，它在歌颂柔奴随缘自适的同时，也寄寓着苏轼自己的人生态度。

在黄州生活日久，苏轼对人生的思考愈发成熟。他感念自己的清闲和壮志难酬，同时又能积极地排遣，怀有旷达乐观的生活哲学，不断地从生活中发现美，享受美。

一天深夜，苏轼睡前发现月夜很美，便到承天寺寻找友人张怀民，恰巧张怀民也未入睡，于是他们散步赏月，观竹柏之姿，十分惬意。对于这个生活片段，苏轼随手写成《记承天寺夜游》：

元丰六年十月十二日夜，解衣欲睡；月色入户，欣然起行。念无与为乐者，遂至承天寺寻张怀民。怀民亦未寝，相与步于中庭。庭下如积水空明，水中藻荇交横，盖竹柏影也。何夜无月？何处无竹柏？但少闲人如吾二人者耳！

这篇不到一百字的笔记小品，随手而记，却成为千古奇文。苏轼不愧是一代文豪，全文如行云流水，一气呵成，耐人寻味。漫步庭中的“闲人”，清淡的月色，空明如水面的平地，斑驳的树影，一切都令人回味无穷。苏轼在文中体现的情感，既寂寞，又自得，他闲而自适，闲得心旷神怡。

苏轼贬谪黄州，将生活过得丰富多彩，然而，朝廷此时的情况却风起云涌。到元丰六年，变法运动已经持续十四年了。在这漫长的时间里，神宗皇帝殚精竭虑，但大宋中兴的局面却始终难以实现。尤其是熙宁九年（1076）十月，变法派的领导者王安石辞去宰相之位，远离朝廷中心之后，神宗更感举步维艰。他环顾四周，发现身边留下来的多是无能之辈，这让他十分痛心。

神宗是一位有为君主，但其身在高位，免不了驾驭帝王之术。他任用贤能，重视人才，但同时喜好多方权衡，在政策实施中又固执己见，正直有主见的官员往往与他难以长久相处。长此以往，他身边留下的多是唯唯诺诺之辈。比如宰相王珪，在太平之世可掌辅佐之事，但在变革时期，却不能起提纲挈领的作用，更无法管控政局。

变法多年，大宋朝廷面临的内忧外困的局面未有大的改善，神宗的心里也充满了矛盾和痛苦。在这样的环境下，他不免想到因反对变法而被外放的贤能，包括司马光、苏轼、范纯仁、李常等人。尤其是苏轼，神宗很是看重，几年里多次想要起用。然而，因王珪、李定等人极力阻止，神宗只能放弃。

在北宋政坛，王珪是个史家公认的小人，这倒不全是因为他在“乌台诗案”中屡次向苏轼下毒手。他以见风使舵出名，巴结之术炉火纯青。

熙宁年间，王安石当政，他甚至巴结起王安石胡须上的虱子。虱子爬来爬去，神宗也看见了，但没说话。倒是王安石自己察觉了，伸手捉住它，正欲按惯例掐死，王珪忙道：“荆公且慢，这是一只不同寻常的虱子！”

王安石感到奇怪，问道：“何以见得虱子不寻常？”

王珪摇着圆头说：“曾经御览，屡游相须。”

这是一则著名笑话，一直被士大夫当作笑柄，但王珪却不以为意。

王珪不仅喜好溜须拍马，培植党羽也很有一套，有时皇帝都奈何不了他。元丰五年，神宗想让苏轼修国史；元丰六年，神宗想任命苏轼为江宁知州，都被王珪以种种理由拦下。再加上当时朝廷正向北辽用兵，这事就搁下了。

神宗未能如愿起用苏轼，但他却做了一件高明的事情。元丰七年（1084）正月的一天，他突然动用不轻易使用的“皇帝手札”，不与执政商量，直接下令授苏轼汝州团练副使，本州安置。

对苏轼的处置，在职位上没有任何变化，苏轼依然还是有官无职、不得处理公事的闲散人员。微妙之处是在任地方面。汝州，治所在今天的河南临汝，距离北宋的都城汴京不到两百公里，这里不仅比黄州更为繁华，而且消息更为通达。另外，皇帝亲手下诏，量移被逐之臣，也明确向众人昭示了他对苏轼的欣赏。神宗此举，意义非凡。

对于朝廷的风云变幻和神宗的心思，远在黄州的苏轼此时全然不知。诏令到来的前两天，他还和朋友一起前往位于定慧院东面的何氏私人花圃，在那儿饮酒赏花。离开的时候，他还向何家要了一些橘树，打算移种到雪堂西面。他哪里会想到，诏令已然在路上，他就要离开温暖的雪堂了。

第六章

此心安处是吾乡

十年宦游，何以为家

苏轼接到神宗的诏令后，百感交集。这倒并不是因为神宗将他从黄州迁到了汝州，而是因为神宗在诏令中说："苏轼黜居思咎，阅岁滋深；人才实难，不忍终弃。"短短一句话，极大地触动了苏轼。

作为一位渴望建功立业的正直士大夫和忠君爱国的知识分子，历经五年的贬谪生涯，皇帝突然对他表现出眷顾和珍惜之情，这对他来说无疑是寒冬中的一种温暖。在"乌台诗案"中受到的冤屈，这五年贬官黄州的委屈，终于有了喷涌的出口。

想到要骤然告别黄州的一切，苏轼心中十分不舍。临皋亭涛声依旧，五十亩东坡麦苗青青，雪堂的离别酒喝了一波又一波，送别的人却依然络绎不绝。"我家江水初发源，宦游直送江入海。"当年在镇江金山写下的诗句，宿命般地描绘出他的命运轨迹。身在仕途，就是马不停蹄，这州三年那州两年的，有时候途中走数月，到任只几十天又调走了。于是有了"宦游"这类词汇，而苏轼一生宦游四十余年，足迹遍布万里江山。

元丰七年（1084）春，苏轼起程前往汝州，陈慥一直送他到九江。这位侠肝义胆的眉山青神县汉子，曾七次从他居住的歧亭到黄州看望苏轼，每次往返几百里。他和苏轼趣味相投，都是古道热肠之人。还有眉山人巢谷，也是一位值得浓墨重写的义士，他行事很神秘，在苏轼倒霉的时候总会现身，陪伴在苏轼身边，而苏轼得意了，他又飘然而去。

这次苏轼赴汝州，巢谷提前数日不辞而别，却交给苏轼一个祖传的药方"圣散子"，叮嘱说："千万不可示人，但关键时刻可以一用。"苏轼当时并未十分在意，他这些年收集的药方很多。然而，几年后在杭州，这"圣散子"救活了成千上万的疫病患者。苏轼万分感激巢谷，却不知巢谷身在何处。

苏轼到达江西九江的地界之内，陈慥返回，和尚参寥前来迎接，陪他畅游庐山。他们在山中盘桓两日，心神极为放松。不过，因急着去筠州看望弟弟，苏轼并未多作停留，便匆匆下山了。

自元丰三年（1080）在黄州分别后，苏轼与苏辙已近五年未见了。尽管苏辙的女婿王适、文逸民等经常往返黄州和筠州，传达两人的消息和书信，但苏轼依然十分渴望见到弟弟。他觉得作为兄长，自己拖累弟弟太多了。苏辙有三个儿子、七个女儿（其中两个女儿夭折），经济负担一向很重，而在"乌台诗案"中因力保兄长，他被贬官筠州，俸禄大减，生活更加艰难。此外，苏辙在筠州面临的不只是经济上的困难，还有同僚的打击。特别是筠州知州汪国镇告老还乡之后，同僚中便有人明目张胆地排挤苏辙。苏轼听说后，十分难受，却又无能为力，心中难免觉得悲哀。

前行中想到这些，苏轼愈发迫切地想要见到弟弟，他一路风餐露宿，马不停蹄地赶往筠州。苏辙早已收到消息，听闻兄长要来筠州相会，心中充满了期盼。他一边坚守着那卑微而繁杂的监酒职责，一边计算着日子。有一天，他和两位禅师对谈时，觉得兄长当天可能会到，便偕同禅师，以及儿子苏适、苏迟、苏远等，出城二十多里，在城郊的建山寺迎接。等候不久，苏轼果然到了，依旧是笑容满面，未改乐观爽朗的心性。

两兄弟见面，分外开心。他们把酒论诗，对床夜语，共诉人生感慨。虽然仕途坎坷，处境艰难，但他们依然情绪高昂，互相勉励和劝慰。这一次，苏轼在筠州停留了七八天，最后依依不舍地离开了。

苏轼从筠州返回九江时，由儿子苏迈带领的家人尚未到达。此时，佛印禅师恰好在庐山，他派人捎信给苏轼，邀他同游庐山。佛印禅师与苏轼神交已久，苏轼在黄州时，佛印就曾派人问候，苏轼则送了一块外形奇特的石头给佛印作为礼物，两人自此结下深厚友谊。这次能够见面，苏轼十分激动，当即就与参寥重上庐山。

他们同游黄龙峰，在山中的温泉水中凝神浸泡。当参寥与佛印交流佛法之时，苏轼则信步游览了白鹤观、白云庵、东林寺、西林寺等。几天的游览，庐山对他来说，不再陌生，但是他却依然不能窥见庐山全貌，从不同角度观看，庐山呈现了不同的面貌。苏轼有感于此，临下山之前，在西林寺的壁上题诗一首：

横看成岭侧成峰，远近高低各不同。
不识庐山真面目，只缘身在此山中。

这首《题西林壁》为哲理诗之绝唱，并将哲理蕴含在对庐山变化多姿的面貌的描绘之中：横看庐山，崇山峻岭连绵不绝。侧看庐山，则峰峦起伏，奇峰突起。从远处和近处看，所看到的庐山气势又不相同。在苏轼看来，之所以从不同的方位看庐山会有不同的印象，在于“身在此山中”，而没有跳出此山进行全局观览。苏轼看山峰，却看见了人世。寥寥数语，说尽多少事。

从庐山下来，已是五月中旬。此时苏轼的长子苏迈，时年二十五岁，不久前被任命为德兴县尉。于是，一家人决定从九江乘船绕道湖口，送苏迈赴任。至于参寥，他决定在庐山留住一些日子，便与苏轼就此分别。

苏轼全家一路前行，路过湖口，苏轼顺道和儿子苏迈一起前往著名的石钟山游览。关于石钟山，郦道元在《水经注》中曾提到石钟山得名是因为水和石头互相拍打，发出的声音很像钟声。但是，对这种说法，苏轼较为怀疑。因为按照常识，即使是把钟磬放在水中，也不能发出声音，更何况是石头呢？

为了一探究竟，苏轼特地和苏迈坐着小船到断壁下面，希望在这里找到答案。夜深人静，石钟山的氛围煞是恐怖。千尺之高的巨石如猛兽一般立着，而老鹰和鹳鹤在山谷之间发出巨大的叫声。尽管环境阴森可怖，苏轼却不虚此行，他的确听到了从水上发出的巨大声响，声音洪亮，如同敲钟击鼓。苏轼仔细观察，发现山下都是石穴和缝隙，即使是细微的水波涌进里面，也会发出这种声音。终于弄清了石钟山的命名来由，苏轼倍感开心，同时心中也有诸多感触，他情不自禁地发出喟叹：“事不目见耳闻而臆断其有无，可乎？”

根据这次经历，苏轼写下了著名的《石钟山记》。这篇文章通过对石钟山得名由来的探究，说明要认识事物的真相，必须认真调查，切忌主观臆断。苏轼的这种人生感悟，不是无病呻吟，而是他根据自己的经历得出的道理。他就是这样的一个人，一生都在不停思索，也在不断收获。

从石钟山回来后，苏迈便在湖口与全家分别，前往德兴县赴任。随后，苏轼携全家经池州、芜湖、当涂等地，于六月底到达金陵。

金陵的王安石正苍凉着，变法大业未竟，又备受吕惠卿等小人的背叛和折磨，年仅三十二岁的儿子王雱也忽然病逝。这对他来说，都是巨大的打击。他绝望之下，辞官回到金陵，隐居于东门外的“半山园”。此时，他的生活依然和年轻时一样简朴，平日常骑一头驴子四处游玩，口中不停地念叨着谁也听不清的言语。也许是念叨受苦受难的天下苍生吧，也许是为他的变法失误深自忏悔。

听说苏轼要来金陵，并将择日前来拜访自己，王安石感慨万千。抛开这些年的不同政见，他其实非常欣赏苏轼的才华。所以，即使苏轼不断抨击新法，他在当政时期依然没有迫害苏轼，更是在“乌台诗案”中主动上书营救苏轼。而当苏轼贬官黄州期间，他也一直默默地关心着苏轼。

这一次，王安石更是亲自到江边相迎，拄杖眺望。苏轼登岸施礼，说：“轼今日野服拜见大丞相！”王安石执苏轼的手笑道：“礼数是为我辈而设的吗？”二人大笑，一句话胜过千言，泯去旧日的恩恩怨怨。

在金陵期间，王安石与苏轼携手相游，促膝交谈而不知疲倦。

关于历史、文学、国事、家事，两人虽然时有争论，友情却暗暗增长，并且迅速走到阳光下。王安石迫切地希望苏轼在金陵留下，比邻而居。苏轼感动了，欣然应允，但辗转几处买田，皆不如意，只好辞别荆公。

临行之前，苏轼专门到半山园与王安石辞别。此时的王安石，已过花甲之年，身体孱弱。面对分别，他十分伤心，望着苏轼远去的背影喃喃自语："不知更几百年，方有如此人物！"

王安石的这句话，对苏轼是极高的评价。因为从历史的高度认识到苏轼的价值，王安石是第一人。欧阳修对苏轼的评价更多在于文学，而在王安石眼中，苏轼是政治奇人、文化伟人和历史巨人。

然而，苏轼造访金陵，继而向仪征的途中却发生了一桩惨事：其未满周岁的小儿子苏遁身染恶疾，夭折于舟中。天降横祸于苏家，二十二岁的王朝云悲痛欲绝，苏轼也写诗哀叹：

> 吾年四十九，羁旅失幼子。幼子真吾儿，眉角生已似……我泪犹可拭，日远当日忘。母哭不可闻，欲与汝俱亡。故衣尚悬架，涨乳已流床。感此欲忘生，一卧终日僵……

也许是丧子之痛的影响，也许是黄州诗意生活的惯性诱惑，苏轼萌生了买田隐居的念头。这念头一动，立刻招来八方吁请，范镇请他去许昌，王巩请他去扬州，张方平请他去南都……古人讲究千金买宅，万金择邻，有苏轼这样的人做邻居，真是一种幸福。苏轼分身乏术，十分为难。

正在这时，老朋友蒋之奇力邀他去常州。苏轼恰好顺路，便去了常州。他周游几日，非常喜欢这里，便在常州属地阳羡（今江苏宜兴）的一座山中买下了一块可年供八百石谷子的田地。有了这块地，一家十几口的生活便不成问题了。于是，他两次上《乞常州居住状》，恳请朝廷批准他在常州安家。过了数月，朝廷终于准了他的请求。

隐居的愿望即将成为现实，苏轼的欣喜溢于言表，写下了书法兼随笔名作《楚颂帖》。他在此文中自表心意："吾性好种植，能手自接果木，尤好栽橘。阳羡在洞庭上，柑橘栽至易得，当买一小园，种柑橘三百本。屈原作橘颂，吾园若成，当作一亭，名之曰楚颂。"

苏轼性好种植，始于当年回眉山老家丁忧，那时他手栽了三万棵青松。今日眉山市东坡区土地乡的苏家陵园，犹见千亩松林。夏秋风大时，"短松冈"松涛阵阵。

苏轼不仅熟悉农事，且能嫁接果木，他在田地里忙碌时，无论穿戴还是身姿，与农夫无异。然而，苏轼却不是寻常农夫。他是大诗人，是享有俸禄的官吏，是名满天下的苏学士，这样的身份却能熟谙农事，在土地上耕耘，他与土地就构成了一种新关系，超越了寻常意义上的农夫与土地的关系。他既是耕种者，又是这种生活方式的赞美者，也是乡村风物的欣赏者。他既能贴近土地，又能与之保持必要的审美距离，而正是这种审美间距，反倒使他比一般农夫更能够深入土地，浑身散发出泥土的芳香。

陶渊明归隐田园，喝酒写诗，贫穷而逍遥，确立了一种文化品格。苏轼追慕陶渊明由来已久，他选择常州为栖居之地，在阳羡买田正是这种精神的体现。当然，苏轼的日子会比陶渊明好一些，他毕竟还是官府中人，拿着俸禄。年近五十的人了，他确实想安定下来，过他想过的生活。如果这一愿望得以实现，那么，他的余年或许称得上幸福。

不过，苏轼却是矛盾的。他一方面对田园生活满怀希冀，另一方面又与政治藕断丝连。换句话说，苏轼虽然追慕陶渊明，但两人的心境毕竟不同。我们无意因此而责备苏轼，说他的田园梦并不纯粹。牵挂政治并不是一件坏事，在仕途上起点颇高的苏轼为此所做的心理斗争大大多于陶渊明。政治牵扯苏轼的神经，田园引导苏轼的梦想，两者像是钟摆的两端，苏轼在其间摇来荡去，最终停在哪一端，其实是一种偶然。可以预设的是：苏轼无论停在哪一端，都会对另一端耿耿于怀，挥之不去。

关于阳羡买田，苏轼另有一赋《菩萨蛮》描写此事：

买田阳羡吾将老，从来只为溪山好。来往一虚舟，聊随物外游。

有书仍懒著，水调歌归去。筋力不辞诗，要须风雨时。

阳羡的溪山美，朋友也多，与杭州、扬州、金陵等地的朋友往来也方便。同时，活动半径大，日常韵味足，具有相当完整的“生活世界”。它对苏轼的吸引是不言而喻的。有人认为这其中另有一层意思，即为王朝云考虑：家庭生活安定了，不复舟车劳顿忽东忽西，她或许能再生一个孩子，重新做母亲。

苏轼为自己，也为家人勾勒了未来生活的图景。然而，此时朝廷却生出大变故，刮起了新的旋风。苏轼在常州忙着规划诗意栖居，这旋风移动速度奇快，很快就刮到他头上了，刮得他离地三尺随气流飘荡，手中的规划图不知飞向何处去……

司马牛，司马牛！

元丰八年（1085）三月五日，神宗皇帝在福宁殿忧郁而逝，享年三十七岁。宋神宗驾崩时，小皇帝宋哲宗只有九岁，于是高太后摄政，改年号为元祐，这显示出对仁宗嘉祐时代的强烈向往。

高太后发起“元祐更化”，找谁来辅佐呢？她将目光投向了洛阳。

洛阳的“独乐园”，一位老者埋头写巨著，转眼已是十五年。他就是司马光，王安石的老政敌。关于独乐园，宋人笔记多有描述，因为它既是史学中心，又是隐形的政治枢纽，各类政要连年穿梭。

独乐园的主人司马光，字君实，人称温公。他是公正而温和的大人物，像王安石一样不恋女色，平时有点儿不苟言笑，但并不呆板。关于司马光，当时有个广为流传的幽默故事。时值上元节，司马光的夫人想到街上看灯，临走时跟他打了个招呼。他说：“家里不是有灯吗？”夫人笑道：“街上人多热闹，名为看灯，实为看人嘛。”司马光眼皮子一翻，说道：“莫非老夫是鬼呀？”夫人顿时乐了，出门后跟其他妇人调侃，这个故事很快传遍了洛阳。

司马光生活十分节俭，冬天不生炭火，访客便比其他季节大为减少。他不知其中缘由，还暗自纳闷为何一到冬天，家里就清冷了。他舍不得多点一根蜡烛，皇帝御赐的能烛照十丈之外的“金莲烛”，在他家里是摆设。可是仆人上街卖马，他却叮嘱道：“告诉那买家，马有肺病。”由此可见，司马光节俭而不抠门，俭朴而胸怀宽大。他以身示范，带动了享乐成风的官僚阶层学会节流。

在个人修养和文化学识方面，司马光与王安石颇为相似，但在政见上，二人却天差地别，王安石主张开源，司马光主张节流，两人因而渐行渐远。司马光和王安石因政见不同，在一些问题上总是进行激烈地争辩，甚至在皇帝主持的议政会议上也毫不相让。这让神宗非常矛盾，他其实希望这两位有治国韬略的大臣都能成为他的左膀右臂，但两人的矛盾却因新法的推动越来越大。

熙宁四年（1071）四月九日，保守派大臣范镇因直言王安石的变法“用残民之术”，被罢免官职。对此，司马光十分愤怒，上书为范镇鸣不平，并自请退居洛阳。此后，他绝口不论政事，在洛阳潜心编撰《通鉴》。这一历程，长达十五年。元丰七年（1084），六十五岁的司马光终于完成了《通鉴》，并呈给神宗皇帝。神宗翻阅此书，非常重视，赐书名《资治通鉴》，并亲为写序。朝政氛围在此时似有缓和，却不想，神宗皇帝于第二年便病死了。

神宗一去，高太后垂帘听政，首先向司马光征询治国方略，并着手废除新法，启用反对变法的大臣。她先是下诏，令司马光知陈州，不久又授门下侍郎（即副宰相）。司马光到任后，向高太后进言，把因反对新法而被贬的文彦博、范纯仁、李常、苏轼、苏辙等人招回朝中任职。

司马光组内阁，上表推荐人才，苏轼赫然在册。另一个宰辅大臣吕公著，也向高太后推荐苏轼。高太后顿时喜上眉梢。喜从何来？原来，她一向对苏轼青眼有加，只是碍于神宗，不便插手朝政。此时她当政，正在考虑用什么方式起用苏轼，却接到两个重臣不约而同的推荐，她不高兴谁高兴呢？如果她夹带了一点私心，不便立刻重用苏轼，那么司马光、吕公著的荐表，便来得正是时候。

很快，高太后下旨，任命苏轼知登州（山东蓬莱）军事州，掌军政大权。苏轼领旨谢恩，但在给朋友的书信中反应却很平淡，说："一夫进退何足道。"重新步入官场，他又得调整心态，撇下刚买的阳羡之田，将田园里的苏东坡隐藏起来，而让"屡犯世患"的苏轼再度登场。

前路未知，却总得上路。极为短暂的安定之后，苏轼举家向登州出发。然而，走了三个月，登州任上仅五天，新的任命复至：升苏轼为礼部郎中。全家人刚在登州安顿下来，又要起程了。

不过苏轼动作快，五天干了两件大事：一是请求朝廷变更当地的军事部署，二是免除食盐专卖。后者源于他的一贯主张，即让民间实现一定程度上的贸易自由。盐、铁、酒、茶的专卖他都反对，而且走到哪儿都是如此态度，手中无权就挥动诗笔。他终极的政治理想不仅是强国，而且要富民。

办理完政务交接，苏轼也利用回京之前的有限的闲暇时光，到海边看了海市蜃楼，写下长诗《登州海市》。

元丰八年（1085）十二月上旬，苏轼顺利抵达汴京，在众人的观望中就任礼部郎中，但在朝仅半月，又被迁为中书省的起居舍人。起居舍人与礼部郎中都是从六品官职，但起居舍人在当时却是非常重要的职位。元丰改制以后，起居舍人是与门下省的起居郎并列的官职，合称左右史，负责记录皇帝言行，并参与朝廷所有大小政务。

苏轼担任起居舍人不到三个月，又有一道诏令下达：任命苏轼为中书舍人，且无须考试，直接就任。半年后，即元祐元年（1086）九月，苏轼再升翰林学士知制诰，负责起草圣旨的工作，官服三品，位在六部尚书之上。升迁如此之快，苏轼有些晕头转向，百官也为之瞩目，议论纷纷。

中唐及北宋的翰林院，均被视为储备宰辅之地。而宋仁宗二十多年前就盛赞苏轼具备宰相的才能，再加上当朝宰相司马光年迈，身体又不好，一旦退下，刚五十岁就身居翰林院要职的苏轼似乎是补缺的最好人选……

这些议论，其实对苏轼不利。还朝不到一年，他便成为舆论的焦点和关注的中心，于是拆台的小人应运而生，他们站到苏轼的对立面，百般与他纠缠。苏轼回汴京三年多，避小人如避苍蝇。然而苍蝇一直盯着他，围着他嗡嗡直叫，只等伺机出动。

好在司马光主政，始终朝着“贤人政治”的方向努力，他德高望重，庶几能够控制局面。在朝廷的大政方针上，高太后支持他恢复仁宗朝的旧制，毕竟仁宗在位四十一年，治理国家有一整套成功的经验。司马光勤勤恳恳，几至呕心沥血，豁出老命要让国家走上正轨。不过他犯了一个走极端的毛病：尽废熙宁新法。他外表温和，内心却与王安石一样固执。

王安石的新法实施近二十年，有些法令明显失败了，却也不乏成功的例子，比如方田法、免役法，给百姓和国家带来了较大的利益。然而，司马光不考虑新法的可取之处，一概废弃，这极大地损害了朝廷法度的连续性，也不利于官员团结。在江宁的王安石，听说新法几乎全被废除，病情加重，于元祐元年四月病逝。而朝廷各部门中的变法派人物，则决定联手反抗。尤其是掌管枢密院的章惇跟司马光正面为敌，毫不示弱。

这个章惇也是北宋一大怪才，行事有时像魔鬼，有时又像英雄。他敢于言事，甚至当着太后的面与司马光唇枪舌剑。司马光称免役法有五害，章惇则上书几千言，力加驳斥，不给司马光一点儿面子。二人闹到太后的御座前，章惇竟然咆哮道："它日安能奉陪吃剑！"他长得像金刚，咆哮有如狮子吼，当年在商州，连猛兽都怕他。他剑术相当精湛，但在这里却不是要陪司马光"吃剑"，而是要决斗。面对章惇的挑衅，司马光面色凝重，却不予理会。这位目光能穿越千年的历史高人，其为官之道，哪里在章惇之下。

司马光与章惇针锋相对，其实是保守派和变法派的政见之争，朝廷各派官员也纷纷站队。面对此种局势，苏轼左右为难。苏轼与章惇是同年进士，在凤翔曾有过愉快的交游。在"乌台诗案"中，章惇在重要关头呵斥宰相王珪，避免此案牵连苏轼全家。对此恩情，苏轼一直铭记在心。但在政见上，苏轼又属于司马光的保守派阵营。现在的局面，他十分为难。宰相府和枢密院，他只能两边走动，试图缓解文官首脑与军事首脑之间的矛盾。

更麻烦的是，苏轼和司马光的政见也不相合，他不同意司马光尽废熙宁新法的做法。原则之争，苏轼毫不让步。当年反对王安石，他位卑职小，已经跳得很厉害，眼下他位高权重，把司马光弄得非常头疼。两人议事常常不合，司马光看苏轼渐渐有些不顺眼了，"始有废公意"。

除了政见之争，苏轼的性格也令司马光不愉快。大臣们聚集的场合，一般都听首脑讲话，苏轼却要高调地争取发言机会，总是说：“温公不能让我等说几句吗？”司马光点头同意，然而，在苏轼当仁不让地讲起来后，司马光却慢慢朝屏风后或花园中走去。面对这种难堪，苏轼回家之后，犹自气呼呼的，半夜还在嘀咕：“司马牛，司马牛！”

司马光执政一年，由于劳累过度，死在了办公桌上。高太后大恸。雄心勃勃的“元祐更化”、大力推行的“贤人政治”失掉了肱股之臣。她再有能耐，没有司马光的辅佐，要镇住派系林立的政局，也力不从心。

荆公王安石、温公司马光都是说一不二的铁腕人物，而封建政权的格局，要么需要英明皇帝，要么需要铁腕大臣，否则就镇不住朝堂，管不了百官。司马光去世，高太后痛哭，她哭的正是这一点。有学者称高太后为“女中尧舜”，但她有尧舜之心，却无尧舜之力。

司马光去世后，高太后也曾考虑过让苏轼当宰相。高太后是苏轼诗文的忠实读者，苏轼每有新词，她必吟诵再三，安排宫中乐人演唱。事实上，这也是几十年来大宋皇室的一个传统，后来又传到了徽宗、高宗和孝宗。宋孝宗视苏轼为隔代知己，精读了苏轼卷帙浩繁的全集。

然而，无论苏轼的诗词如何受到高太后的赏识，政治讲究“势”，时殊势易，苏轼备受小人的围攻，“谤书盈箧”，“一年之内四遭口语”，高太后不得不顺势而为，终究没有孤注一掷地启用苏轼为宰相……

“苏门四学士”

苏轼回到汴京时，苏辙也于元祐元年（1086）正月下旬抵达京师。和苏轼一样，他在此后的几年之中，也不断获得升迁，到元祐七年（1092）为门下侍郎（副宰相）。两兄弟同受太后的恩典，内翰外相，显赫一时。

这次回到京城，两家人的住宅很近，常常抬腿就过去了。苏轼兄弟先后离开京城长达十几年，当年苏家在京城购置的南园，因为境遇的改变和生活的窘迫，早已经转卖出去。此次回京，苏轼在城西新买了一座宅院。

苏辙的府第也在城西，离苏轼的宅院非常近，每次退朝后，他总是先去兄长家中逗留一些时间，两人或对饮闲聊，或看后辈读书习字，生活悠闲而惬意。因为日子较为滋润，苏轼长胖了，有了肚子，他原本个头高，此间偏胖，照样一表人才。他下朝回家，有个摩腹的养生动作，家里人开玩笑，说他的肚子里全是文章，唯有王朝云说“先生一肚子不合时宜”，可见她对苏轼了解之深。

闲暇之余，苏轼也自创了一种帽子，高筒，短檐，殊不知戴了几回，全城都流行起来了，称为“子瞻帽”。京城的儒生，外地的考生，几乎没有不弄一顶子瞻帽戴在头上的。一般后生乃至中年男人皆仿效，逢节日时，清一色的子瞻帽更是流动于大街小巷。

在宋朝，欧阳修故去之后，苏轼便成了公认的文坛领袖、书画宗师。其门庭若市，车如流水马如龙，太后的御赐之物也一件接着一件，小到一包茶、一盒酥，大到一匹马、一盏堆金砌玉的金莲烛。如此显贵的门第，常人多会迷失其中，纸醉金迷，但苏轼始终清醒如常。士大夫的信条是能处富贵，能安贫贱，而苏轼便成了这样的楷模。

米芾、李公麟这样的大书画家，以及高太后的女婿王诜、张方平的女婿王巩，俱为苏轼的追随者和好朋友。

米芾曾经专门到黄州拜访过苏轼，此时也到了汴京，为太学博士。他是当之无愧的天才艺术家，不仅书法自出新意，绘画也信笔挥洒，这一点和苏轼颇为相似。此外，米芾的行为也比较另类，往往随性而至，随性而为。他时常身穿奇装异服，招摇过市。苏轼发明了子瞻帽，米芾则偏爱高筒帽，甚至将轿顶拆了也要头戴高高的帽子坐在其中。在汴京的这一时期，他和苏轼的交往更为亲密，尤其在书法和绘画方面的交流极为频繁，这对二人书画艺术的精进都有长足的益处。

而驸马王诜与苏轼的重逢，是在元祐元年正月。这两位因“乌台诗案”别离七年的故友，竟在汴京的宫殿门前不期而遇。王诜有着极高的艺术鉴赏力，非常痴迷于苏轼的书画。因与苏轼交好，他对苏轼的字画收藏甚丰，但他仍不满足，总是想尽一切办法将苏轼送给他人的书画也据为己有。

他听说张耒得到了苏轼《黄泥坂词》的原稿，便派人向张耒借阅。然而，因为王诜曾经将苏轼赠予米芾的《枯木竹石图》借去不还，有了前车之鉴，张耒说什么都不同意将手中的原稿借出去。最后，没有达成愿望的王诜便写信给苏轼，表达自己的渴求和抗议。苏轼看信后，大笑不止，便重新书写《黄泥坂词》送给王诜，由此可见王诜与苏轼的深厚情谊。

至于李公麟，则是苏轼这次回到汴京后新交的朋友。李公麟生于书香之家，好古博学，长于诗，尤以画著名，时推为“宋画中第一人”。现存于眉山三苏祠博物馆的《西园雅集图》，便是李公麟的画作，它见证了北宋文苑艺坛的一桩盛事：画面上十六个人，全是名噪当时的人物，他们在驸马王诜的豪华府第中雅集，或书，或画，或弹琴，或与美姬交谈。穿黄色道袍居中而坐的是苏轼，他正运笔写字，而在他身后，名流闲观，佳丽翘首。

这一时期，李公麟也为苏轼画了一幅写真画像。画中的苏轼，头戴乌帽，身着道服，手拿一根藤杖，斜坐在石头上，面容放松，神情疏朗。黄庭坚曾评价此画“极似子瞻醉时意态”，这幅画也流传至今，画中人物成为人们心目中的苏轼形象。

尽管苏轼名满天下，他对寒士依然有求必应，不吝指教，因而门生众多。在苏轼的门人弟子中，“苏门四学士”最为人津津乐道。这四位在北宋文坛上引人注目的杰出人物，分别是诗界翘楚黄庭坚、婉约派一代词宗秦观，以及擅长议论文章的晁补之、张耒。元祐初期，他们列入苏门已达十年之久，这时也先后汇聚于京师，供职于馆阁之中。

对于这四位晚辈，苏轼极为爱惜，更是不吝言辞地赞赏，使得四人得以顺利崭露头角。同时，擅长书、画、诗词的全才苏轼也没有将自己的喜好强加给他的门生，而是尊重每一个人的艺术风格。更为人称羡的是，苏轼倡导自由议论，苏门内部因此形成了坦诚相待和直言不讳的风气。

元祐二年（1087），秦观从蔡州进京参加制科考试，便专门到西城的苏府拜见苏轼。师徒二人久别重逢，非常欢喜，兴之所至，便聊起了秦观的新作《满庭芳·山抹微云》。当时，这首词一经写出，就受到文人墨客的追捧。苏轼也不例外，他称赞这首词意境清幽，并调侃地称秦观为“山抹微云君”。不过，对于词中描写的男女之情，苏轼认为未能脱离柳永词作的艳丽之风，因而直接指出道：“想不到你竟开始学习柳七（柳永）作词。”对此，秦观很不服气，他认为自己的词作清丽纯净，与柳永的香软之词相比还是有很大的不同，便当即辩解道：“我虽然学无所成，但也不至于到那种地步。”

事实上，无论是秦观，还是柳永，皆是婉约派的代表人物，都对慢词的发展产生了深远影响。尤其是柳永，他对宋词进行了全面革新，也是两宋词坛上创作词调最多的词人。只是由于时代的局限性，当时文人对常年混迹于青楼酒馆的柳永颇有微词，由此“恨屋及乌”，对其创作的直白描写男女之情的“艳丽之词”进而也产生排斥之情。

幸好，尽管当时的风尚轻视柳永之辈的“俚词俗语”，但苏轼和弟子之间坦诚交流的风气却一直未变。婉约派的秦观与豪放派的苏轼，虽然在词风上大不相同，却一直在词的创作上相互交流和探讨，甚至相互影响，他们都是影响深远的宋词大家。

苏轼和黄庭坚之间，也是如此。他们既相互尊重，也相互批评。黄庭坚的诗作，以追求“不俗”为宗旨，作品的品格高雅，但也因此导致主旨单一。苏轼曾说：“黄鲁直诗文，如蝤蛑、江瑶柱，格韵高绝，盘餐尽废；然不可多食，多食则发风动气。”对此，黄庭坚也“礼尚往来”，坦言苏轼“文章妙一世，而诗句不逮古人”，又说苏轼肆意挥洒的文章“未知句法”。

而在书法方面，苏轼与黄庭坚也都为大家，不过，两人在书法风格上大为不同。苏轼擅长行书、楷书，他曾经遍学晋、唐、五代的各位名家之长，再将李邕、颜真卿等前代名家的风格融会贯通后，自成一家。他曾自称“我书造意本无法”，又号称“自出新意，不践古人”。至于黄庭坚，则擅长行书、草书，楷书也独树一帜，笔法抑扬顿挫，新意十足。

一次，苏轼与黄庭坚交流书法技艺，苏轼评价黄庭坚的书法道：“鲁直近日所作字书，虽清新劲拔，但用笔过于瘦弱，就像树上挂着的蛇一样。”对于这样的评价，黄庭坚内心非常认可，他认为苏轼一针见血地道出了自己的笔法缺点，但他嘴上依然不服输地说道：“先生的字，我固然不敢随便加以评论，但有些地方觉得太局促，写得太过扁平，像石头下面压着的蛤蟆。”苏轼听后，与黄庭坚相视大笑。

他们便是这样，在幽默中道出对方的不足，在切磋中相互提升，后人也将两人与米芾、蔡襄并称为“宋四家”。尽管如此，黄庭坚始终以师傅之礼尊敬苏轼。待他到了晚年，他还将苏轼的画像悬挂在宅院厅堂的中央位置，每日都恭敬上香。

总之，苏门的组合是以共同的文化志趣和生活理想为核心，因此纯粹而长久。

题画诗与文艺理论

苏轼老年在汴京时，身边围绕着一流的文学大师和艺术大师，他们大都具有旷然天真、至情至性的艺术情怀，相互之间往来频繁，经常进行雅集，品评诗文、书法和绘画，同时将这三种艺术方式结合起来，将宋代的题画诗推向了高峰。

在这种洋溢着浪漫与自由的陶然佳境中，苏轼也创作了大量的题画诗，其中有不少题画诗成了众口相传的经典之作。

比如，《惠崇春江晓景二首》便是脍炙人口的名篇：

其一

竹外桃花三两枝，春江水暖鸭先知。

蒌蒿满地芦芽短，正是河豚欲上时。

其二

两两归鸿欲破群，依依还似北归人。

遥知朔漠多风雪，更待江南半月春。

这两首诗是苏轼题惠崇的《春江晚景》所创作的组诗。惠崇是宋初九大僧人之一，为福建建阳僧人，能诗能画。惠崇游览江南后，有感而发，创作了画作《春江晚景》。这幅图画，将美好的画面定格在一瞬间，让人留住了关于江南的美好回忆。元丰八年（1085），苏轼看到此画后，颇为喜爱，遂题写了两首诗。

第一首诗题“鸭戏图”，再现了原画中的江南仲春景色，又融入了合理的想象：竹林外的三两枝桃花已经开放了，鸭子在温暖的江水中嬉戏，或许它们最先察觉了春天的到来。而河滩上遍地蒌蒿，芦笋也开始抽芽，一切都生机勃勃，这正是河豚逆流而上、洄游到江河里的时候吧。

第二首诗题“飞雁图”，将人的感情融入春天大雁北飞的现象中，侧面表现了江南春景之美。北飞的大雁，就像是要回到北方家乡的游子，结果由于太过依恋江南，差一点儿掉了队。而尚未回到北方，它们就已经知道北方的沙漠多风雪了，期待着在江南再渡过半月的春天。

对于苏轼的这两首题画诗，后世许多选本大多更看中第一首，比如《纪昀评苏文忠公诗集》云：“此是名篇，兴象实为深妙！”这造成第二首诗鲜为人知，实际上，第二首也写得很好，值得反复回味。通过赋诗，苏轼运用过人的艺术联想，将无声的、静态的画面转化成有声的、活动的诗境，拓宽了惠崇在绘画中所表现的视觉天地，使诗情、画意得到了完美结合。

此外，苏轼还曾为王巩所藏、王诜创作的《烟江叠嶂图》题过一首长歌行，即《书王定国所藏烟江叠嶂图》：

江上愁心千叠山，浮空积翠如云烟。

山耶云耶远莫知，烟空云散山依然。
但见两崖苍苍暗绝谷，中有百道飞来泉。
萦林络石隐复见，下赴谷口为奔川。
川平山开林麓断，小桥野店依山前。
行人稍度乔木外，渔舟一叶吞江天。
使君何从得此本，点缀毫末分清妍。
不知人间何处有此境，径欲往买二顷田。
君不见武昌樊口幽绝处，东坡先生留五年！
春风摇江天漠漠，暮云卷雨山娟娟。
丹枫翻鸦伴水宿，长松落雪惊昼眠。
桃花流水在人世，武陵岂必皆神仙？
江山清空我尘土，虽有去路寻无缘。
还君此画三叹息，山中故人应有招我归来篇。

这首诗作于元祐三年（1088）冬，当时苏轼在汴京任翰林学士。他看到《烟江叠嶂图》这样一幅布局高妙、笔触细腻的山水长卷后，唤起了对四年多的黄州贬官生涯的辛酸回忆，心中有所感触，遂写下这篇有长有短、有骈有散、唱叹有致的题画诗。

这首诗的前十二句描写了画中之景，但有意不点明咏画之意，而是将画境当作真实的场景来写，细腻地勾勒了烟波浩渺的春江、青翠苍茫的峰峦、交相辉映的飞泉林石，以及开阔的旷野、桥边的野店、漫步的行人和江上的小舟。

画中景物，与苏轼贬谪黄州时“扁舟草履，放浪山水间”的场景如出一辙，这唤起了他对那段时光的记忆，于是他借题发挥，抒发了对充满猜忌和争斗的官场的深深厌恶。这三年来，尽管苏轼享有世人羡慕的盛名与高位，个人生活也丰富多彩、潇洒恣意，但就在他重回朝堂的那一刻起，政治斗争的激烈浪潮还是把他卷了进去，他身在其中，心力交瘁。

苏轼在京城，每天为政事奔波，又要反击小人的攻讦和消耗，留给自己的创作时间少之又少，再加上京师的富贵荣华难以形成强烈的艺术冲动，总体上来说，除了一些题画诗，他这一时期的文字佳作不多。

不过，他变成了文艺理论家，分析自己的作品时，说道：

> 吾文如万斛泉源，不择地皆可出。在平地滔滔汩汩，虽一日千里无难，及其与山石曲折，随物赋形，而不可知也。所可知者，常行于所当行，常止于不可不止，如是而已矣。其他虽吾亦不能知也。

这段文字出自《文说》，是古典文论的经典。对于苏轼在文学方面的成就，苏辙尤为敬佩，他曾感慨地说："辙虽驰骤从之，而常出其后。"做弟弟的，在文学上怎么追也追不上，兄长的身影似乎永远在前边。

苏轼又说："某平生无快意事，惟作文章，意之所到，则笔力曲折，无不尽意。自谓世间乐事，无逾此矣。"

这话值得玩味。写文章是与造物同游，描绘自然，诉说人事，将天风海雨汇于笔下，而以一人体验千万人，也让个体生命无限延伸了。深谙各类世间乐事的苏轼，把写作行为推向了生存体验的制高点。写作与语言同在，而语言是“存在”的家，隐藏着人类生活的全部密码。

苏轼又论画云：“论画以形似，见与儿童邻。”

绘画的变形、重神似，他是先驱者之一。甚至可以说，他开创了中国的文人画。苏轼作画时，大多一气呵成，而运笔极快。他还喜欢戏作，就是在这种非正式的艺术创作中，他释放了自己的艺术冲动，创作了众多名画。

苏轼又讲关于书法的感悟：“吾书虽不甚佳，然自出新意，不践古人，是一快也。”

后来由于索要字画的人太多，他便不轻易动笔了。不过，朋友们都知道他有两个弱点：一是见不得好纸墨，见了手会痒的；二是请他喝美酒，醉后必有醉书。比如送他南唐李煜常用的澄心堂纸，他必定眼睛发亮，呼笔墨伺候。

翰林院有个姓韩的官员，更有绝招：凡事不面谈，专门给苏轼写信，意在得到苏轼的亲笔回信。

苏轼的书画真品，现珍藏于海内外的，有五十余件。

第七章

一蓑烟雨任平生

元祐党争的爆发

苏轼同文人墨客或官场之人的交往中，有机会便发挥嘲笑人的专长。年轻时他就擅长此道，现在到了知天命的年纪，戏谑的手段渐入化境。

嘲弄往往比呵斥更有力，有时甚至令人感到惊恐。苏轼未必是恶意的，但他的言辞过于锋利，往往使人受不了。在他是习惯使然，处在他周围的人则不得不养成受他嘲笑的习惯。有时别人也回敬他，哪怕明知不是他的对手，于是，戏谑一时竟成风尚。这也从一个侧面反映了北宋政坛的某些宽松局面。

苏轼同官员、文人戏谑，一般都是雅谑，内容是关乎诗词、书画，也涉及日常生活。苏轼乐此不疲，想必从中得到了不少乐趣。日子太舒适，他写不出传世之作，便以此为消遣，以种种妙语表现聪明才智。

有一位刘贡父，系苏轼老友，曾协助司马光纂修《资治通鉴》，但他晚年苦于风疾，“鬓眉皆落，鼻梁且断”。一日，他与苏轼等人小酌，各引古人语相戏。苏轼盯着刘贡父的鼻梁，忽然吟道：“大风起兮眉飞扬，安得壮士兮守鼻梁。”他话音刚落，“座中大噱，贡父恨怅不已”。苏轼这是修改、套用了刘邦的《大风歌》，改得很巧妙，却差点儿把老朋友当场气死。

又有一天，苏轼谒见宰相吕微仲。后者以形体硕大知名，习惯于白天睡觉。苏轼等候接见，等了半天，吕微仲才慢腾腾地走出来，犹自打着呵欠。恰好客厅里养着一只乌龟，亦是形体硕大，懒洋洋的。苏轼指着乌龟说："此易得耳。唐庄宗时有进六目龟者，敬新磨（人名）献口号云：'不要闹，不要闹，听取龟儿口号：六只眼儿睡一觉，抵别人三觉。'"结果，吕微仲十分不悦。

苏轼既为文坛盟主，请他点拨诗文的后生自是络绎不绝。对此，苏轼乐意至极，但对那些没有才能却自视甚高的后生也毫不掩饰地表示嘲讽。一天，来了一个有背景的后生，志得意满地站到苏轼面前，抑扬顿挫地念了一首诗。听完，苏轼捋须笑道："不错，不错，可得十分。"后生大喜过望，左顾右盼，满脸得意。结果，苏轼慢悠悠地又补上一句："诗有三分，吟有七分。"后生目瞪口呆，在众人的嘲笑中落荒而逃……

苏轼善戏谑，诸如此类，确实是高水平的笑话。不过，有些时候，这既伤老友，又得罪官员和后生，其实大可不必。有一位范纯夫，以告诫苏轼戏谑出名，苏轼一旦犯了戒，往往会受到他的批评。这个范纯夫批评人是不留情面的，正如苏轼开玩笑不留余地。范纯夫批评苏轼，永远板着一张脸，所以苏轼总是想方设法躲着他。一旦有了新的戏谑事件，他必对人讲："别让范纯夫知道！"

然而，虽有范纯夫反复敦敦嘱咐，苏轼喜欢当众嘲讽人的习惯却没有改变，直到被小人忌恨和报复，留下无尽的祸患。

元祐元年（1086）九月一日，当朝宰相司马光去世。司马光生前，苏轼与其政见不合，尤其在是否要全面废除王安石新政方面，争执颇多。不过，司马光是一位如同王安石一样胸襟坦荡的君子，因而他当政时期，苏轼并未受到政治斗争的牵连，仕途也一直平步青云。但司马光去世后，那些没有司马光压制的小人却空前活跃地攻讦苏轼，最终酿成了旷日持久的“洛蜀党争”。

所谓的洛党，便是河南府洛阳人程颐、程颢一派。程氏兄弟是宋朝理学创始人周敦颐的弟子，也是宋朝理学的代表人物。当年苏轼、苏辙兄弟进京应试时，程颢、程颐兄弟也于同一年抵达京城，但同二苏双双高中不同，二程中仅有程颢一人登科。后来，程颐回到洛阳授徒讲学，创立“洛学”，三十余年中一直未进入仕途。待哲宗继位，司马光与吕公著感念其声望和才华，联名推荐他为崇政殿说书，即为皇帝讲学。

按照司马光的初衷，是想让程颐言传身教地影响年少的哲宗皇帝，辅助经国大业。然而，程颐虽然学识丰富，通晓经典，但他动辄诉说三代古礼，充满迂夫子的习气，甚至小题大做。比如，哲宗皇帝无意中折取一根柳条，他也要上升到“天地和气”“以仁为本”等大道理，进而对小皇帝进行说教。结果，适得其反，常常引起小皇帝的反感。

对于泥古不化、以师道自居的程颐，司马光也颇为无奈。如果他当时身强体壮，或许还能够改变局势，但他偏偏突然撒手人寰，许多人事都来不及安排。

司马光去世那天，十岁的哲宗皇帝正领着百官在汴京南郊举行明堂祭祀，准备安放神宗的灵位入太庙。到九月六日，典礼结束，朝臣们都急着赶往宰相府吊唁。然而，被司马光一手举荐的程颐却拦住众位大臣，说道：“《鲁论》曰：‘子于是日哭，则不歌。’”

他以礼制为由，阻止大臣们去吊唁司马光。

众人见程颐如此迂腐和不讲情面，颇为不满，有人当场反驳道："哭乃不歌，未尝说歌即不哭。如何不可往吊？"但程颐还是不肯让步，继续以三代古礼进行辩驳。最后，苏轼看不下去了，上前挖苦道："颐可谓鏖糟陂里叔孙通。"

叔孙通是秦汉时期名重一时的儒生，为汉朝制定了完备的规章和礼仪制度。然而，鏖糟陂里却是位于汴京西南的恶臭沼泽，苏轼将脏乱之地与儒者相联系，意在嘲笑程颐是个冒牌的叔孙通，无法像叔孙通那样整顿礼仪。

苏轼话音刚落，百官心领神会，大笑不止。程颐遭此羞辱，十分恼恨，而他那遍布朝野的门人弟子更是怒气滔滔。此后，出自程门的洛学子弟便将苏轼视作眼中钉，想方设法要抓住苏轼的把柄，进行报复。

元祐元年（1086）十一月，作为翰林学士的苏轼主持进士候选馆职的考试，并在《策问二十三首》中概括了仁宗和神宗两朝的施政方针的特点，其中提到："今朝廷欲师仁祖之忠厚，而患百官有司不举其职，或至于偷；欲法神考之励精，而恐监司守令不职其意，流入于刻。"

然而，这道策问却被有心之人利用。程颐的门生朱光庭便从中截取两段话，断章取义地加以解读，并利用自己谏官的身份，上书弹劾苏轼"谤讪先朝"。

此时哲宗皇帝年幼，依然由高太后临朝听政，她深知苏轼的为人品性，下诏对苏轼免罪。苏轼不甘心被诬陷，也上书自辩。高太后看后，明白这是朱光庭刻意挑起事端，所谓"谤讪先朝"不过是官场打击异己的手段，但因其是谏官，而宋朝一直有尊重台谏之官的传统，便未对朱光庭进行追究，并再次下诏为苏轼免罪。

然而，朱光庭不肯罢休，继续上书攻击苏轼，认为其罪不可免。见此情形，苏轼的同乡好友、殿中侍御史吕陶也站出来了，弹劾朱光庭“假借事权以报私隙”。

事情发展至此，不过是程颐的弟子为老师“报羞辱之仇”，而苏轼和吕陶反击自卫。然而，由于苏轼深处官场中心，回汴京后一路平步青云，大有在司马光、吕公著之后拜相的势头，这让那些对宰相之位垂涎欲滴的同僚颇为忌恨。再加上苏轼反对全面废除王安石新法，因政见之争也得罪了不少人。因此，牵扯到利益关系的大臣们便借此机会联合起来，全面围攻苏轼以及为苏轼辩解的官员，元祐党争由此爆发。

见同僚抓住策问一事围追堵截，苏轼也渐渐明了其中的利害关系。他回京后原本一心想报效朝廷，但此时却深感无奈，只愿早日脱离这场混乱。于是，他先后四次上书，请求外调。然而，他不但没能离朝外任，反而被高太后召见。高太后晓之以理，告知神宗对他的赏识，并嘱咐道：“内翰，你一定要尽心侍奉官家，以报先帝的知遇之恩呀。”同时，高太后也将御前的金莲花烛送给苏轼，表达对苏轼的礼遇。

对此，苏轼心中十分感动，更加勤于公事。然而，苏轼具有高远的政治理想、不同流俗的品格、独立的精神气节，这注定与当时党争不断的政治现实和以权谋私的利益团体，无法交互融合。他依然不断受到以程颐和朱光庭为首的洛学派、以刘挚和刘安世为首的保守派、以吕惠卿和章惇为首的变法派等政敌的攻击。他们似乎铁了心要驱除苏轼，接二连三地进行弹劾。

长此以往，苏轼心力交瘁，疲于应付，他一再请求“早去”，以免“倾危”。终于，元祐四年（1089）三月十六日，朝廷准许苏轼外调，令其以龙图阁学士的身份出任浙江西路兵马钤辖，即管辖隶属于浙江西路的六个州郡，同时兼任杭州知州。这距离苏轼于1085年回到汴京，不过短短四年光阴。

苏堤：原本无名

元祐四年（1089）七月三日，苏轼抵达杭州。当年的通判，现在高升为龙图阁学士兼杭州知州，飞黄腾达不在话下。故地重游，苏轼内心的激动难以言喻。

此时的苏轼，有巨大的名望和地位，也有高太后这样的后台支撑，即使他做个享乐型的庸官，也不会有人责怪。而以官场的进退之术来看，他做庸官反而更具有保护性，汴京的那帮争名夺利的小人将不复记挂他。相反，他做出成绩了，小人则不会放过他，因为他这种正人君子，一旦做出成绩，走上宰相之位，统帅群僚，贪官和庸官将无地自容。

木秀于林，风必摧之。苏轼的官场悲剧，也许正源于此。

但不管时局如何艰难，苏轼这个人，只要为官，就是要做实事、造福百姓的，决不会自享清福和庸碌无为。

刚到杭州，苏轼面临的便是严重的灾情。杭州的气候，原本适合种植两季水稻，但这一年的年初，杭州遭遇水灾，农民未能如期种下早稻。而到了五六月份，杭州又出现严重的旱灾，刚种下不久的晚稻也无法正常生长。因为粮食歉收，稻米的价格大幅上涨。

了解民情之后，苏轼一改地方官瞒报的陋习，及时将杭州的灾情上奏朝廷，并向朝廷申请救灾款项。经过他三番五次的不懈争取，朝廷决定拨贡米二十万石，赐三百道度牒（每道度牒一百三十千钱），同时减免当地的上供米。此外，苏轼还将原本用来修缮官舍的费用也拿出来救灾。有了这些款项，他马上安排人员到外地采购稻米，然后与朝廷拨给的二十万石贡米，一起投放到杭州的市场上，以缓解因水旱灾害带来的稻米短缺。这些举措产生了良好的效果，杭州的物价得到了平抑，百姓也安然有序地度过了灾荒之年。

然而，事情并未就此结束。因为水旱灾害的影响，到元祐五年（1090），杭州竟流行起疫病，人民深受其害，一时间人心惶惶。看见百姓受苦，苏轼马上组织一批懂医术的人制作药剂，分发给百姓。如此，疫情得到了缓解，但依然未根治，扩散也未能被阻止。苏轼内心十分焦急，但一时又没有良方救治。

这时，苏轼想到了巢谷在黄州赠送给他的“圣散子”药方。巢谷临别时曾说此药方可救急，苏轼便马上找出来仔细研究。熟读医术和喜爱收集单方的苏轼，很快意识到这个“圣散子”可能是抑制疫病的良方。于是，他下令购买药材，在街头架起大锅煎药，让过往的行人“各服一大盏”。

很快，杭州的疫病得到了有效地抑制，数千人免于死亡。而苏轼为了造福更多的人，也将宝贵的“圣散子”药方传给了名医庞安常，由他记入医书之中，流传后世。此外，考虑到杭州是水陆交通的枢纽，疾病的传播比其他地区更为迅速，为了在长期内防患于未然，苏轼决定在杭州地区建立一所面向百姓的病坊，也就是今天的慈善医院。

建造病坊，首先需要钱财。苏轼先是拨出公款两千缗，接着自己又拿出五十两黄金，并带动富豪捐赠，就这样筹到了一笔钱财，在众安桥办起了“安乐坊”。在这座医坊中，负责坐堂的是懂医术的僧人，收治的也主要是贫困病人，平时的运营经费则从地方税收中拨出来。就这样，苏轼解决了穷苦百姓看病难的问题，正可谓仁慈的官员总有仁慈的办法去化解民生矛盾。据说，这个安乐坊也是我国第一所面向普通百姓的官办医院。

江南山水好，苏轼也欣赏，也享受，却严格限于忙完了郡务之后。在杭州的一年半时间里，他不仅救灾情，治瘟疫，设“安乐坊”治病救人，也治运河，开六井，浚西湖，筑苏堤……在杭州的地方志上写下了重重的几笔。

杭州是大运河的南面起始地，而杭州境内的盐桥河、茅山河则是沟通大运河和钱塘江的要道，将内河航运与海运连成一片，为杭州的水运交通带来了极大的便利。然而，每当涨潮时，海水便携带泥沙倒灌，造成河道淤塞。对此，苏轼从元祐四年（1089）十月开始，致力于疏浚两河。他利用“两浙西路兵马钤辖”的身份便利，调集了一千多名官兵奋战在河道上。经过半年的时间，即到元祐五年（1090）四月，便完成了这项工程，让船只在河道中畅通无阻。

疏通河道之后，苏轼又马不停蹄地疏浚六井。六井是杭州饮用水的主要渠道，苏轼在熙宁年间任杭州通判时，曾治理六井，但如今已过去十多年，六井再次堵塞，给百姓吃水造成了极大的困难。为了解决这一难题，苏轼派人找到了当年参与疏通六井的僧人子珪，请他再次主持治理六井的工作。

子珪通过观察，很快就发现了六井堵塞的原因：当年修缮六井时以毛竹为引水管，这种材料容易腐烂，从而造成堵塞。于是，子珪建议改用瓦筒引水，外面再覆以石槽，如此便可长久保证百姓用水，以绝后顾之忧。然而，这个方法也有个弊端，就是成本过大。

苏轼显然不是追求一时之功的人，他当即采纳了子珪的建议，为六井铺设瓦筒引水管道，以连接西湖。同时，他又命人在北郊难以获取水源的地方新挖了两口井，也铺设引水管与西湖相连，让“西湖甘水，殆遍一城”。

西湖对百姓如此重要，苏轼也开始采取措施治理西湖的淤塞区域，以保证西湖的畅通。为此，他不仅多次进行实地调查，还广泛征求水利专家的意见，最后制定了严谨的治湖规划。接着，他连写两道奏章，反映西湖面临的情况，上报治湖方案，并为全面治理西湖争取必要的经费。同时，为了节省治理费用和减轻百姓的徭役负担，苏轼也广泛征集民工，采取“以工代赈”的方式。

元祐五年（1090）四月二十八日，在苏轼的亲自带领下，杭州百姓开始正式疏浚西湖，挖掘湖底淤泥。因西湖中淤塞之地达二十五万丈，可以预见挖出来的淤泥将会堆积如山，处理这些淤泥也将是个庞大的工程，但苏轼早已想到一个两全其美的办法，他计划利用挖出来的湖草和淤泥，在湖中筑造南起南屏山、北至栖霞岭的长堤。这样，南北往来也不必再绕湖三十里了。

在疏浚西湖期间，苏轼始终与民工一起奋战。他昼夜在工地上巡视，吃民工饭，喝民工水，完全不搞特殊。到端午节那天，杭州百姓送来了许多猪肉，他便命人在工地上支起几口大锅，同时将猪肉切成小块，做起了他在黄州发明的“东坡肉”。肉做成后，芳香四溢，他马上派人将肉分给干活的民工，让大家都过了一个圆满的端午节。这种美味，很快在杭州流行起来，后来更是传到了浙东和浙西，成为一道流传千古的名菜。

经过半年的努力，西湖的淤泥全部被清理干净了，近千丈的长堤也筑成了。苏轼还发挥了诗人的想象力和美学思维，在长堤两岸种植芙蓉和杨柳，又修建了九座亭阁，于是淤泥变成了一道湖上美景，亭台别致，杨柳依依。面对美景，苏轼欣然赋诗："我凿西湖还旧观，一眼已尽西南碧。"

可以说，杭州有明净西湖和千里长堤，苏轼居功第一。为了感谢苏轼，杭州百姓也将新筑的长堤命名为"苏公堤"，后人则简称为"苏堤"。时光穿梭千年，直到今天，"苏堤春晓"依然是声名远扬的西湖十景之一。

伴随着美政美食，灵感也纷至沓来，烧烫了苏轼的双颊。他原本便是个红脸膛的美男子，此时更是面色"极丹且渥"。他张弛有度，居然把办公桌也搬到了西湖边上，"欲将公事湖中了"。而无论是琐细繁杂的征税，还是错综复杂的判案，事无巨细，他都能慎重处理，力求兼顾朝廷法度和人情之事，以公正、无私和充满慈悲的心为百姓做事。这样的苏轼，赢得了杭州百姓一致的爱戴和敬仰。而当他还活着时，杭州百姓就为他建了生祠，家家户户供他的画像，"饮食必祝"。

苏轼在杭州，忙里偷闲，也游山戏水，漫游丛林寺庙。他与江南名妓琴操较量顿悟，在他的点化下，琴操毅然皈依玲珑山的青灯古佛；他又与辩才法师、参寥法师比试机锋，留下的佳话载入《五灯会元》。这些传奇的故事，也引得后世文人郁达夫专程来到杭州，追寻苏轼的脚步，探寻琴操的玲珑山……

时光飞快流转，苏轼在杭州的任期转眼已满。元祐六年（1091）二月二十八日，朝廷下诏，以翰林学士承旨召还苏轼。但苏轼不想回汴京，他对朝中大臣互相攻讦的现象非常反感，于是写了一道辞免状，请求继续在地方任职。然而，他的请求没有得到批准。无奈之下，他只能先进京，因为心中打定主意不在京城任职，所以他将家眷全部留在了杭州。

三月九日，苏轼与家人告别，独自启程赴京。当天，杭州百姓纷纷自发前来送行，遮道而哭，“泪洒多于江上雨”。

二年阅三州

苏轼一路跋涉，于元祐六年（1091）五月底到达汴京，暂住在弟弟苏辙的家中。此时，苏辙位居尚书右丞的高位，深受赏识。

高太后召苏轼还京，原本也想委以重任。然而，六月一日，当苏轼被任命为翰林承旨兼侍读后，小人便一蹦八丈高，拼命排挤他，官场推手，政治打手，全都冲着他来了，像一群野狼驱赶一头雄狮。

尤其是侍御史贾易、御史中丞赵君锡，在陷害苏轼的过程中最为猖獗。他们仿照“乌台诗案”中李定、舒亶的做法，炮制了“竹西寺诗案”，诬告苏轼在宋神宗去世时欢欣。他们的所谓证据，依然是苏轼写的诗句，即《归宜兴，留题扬州竹西寺三首》之一：

此生已觉都无事，今岁仍逢大有年。
山寺归来闻好语，野花啼鸟亦欣然。

皇帝驾崩了，苏轼居然“闻好语”，看到野花和啼叫的鸟儿都“亦欣然”，这是何等的“大不敬”！贾易、赵君锡抓住这个把柄，欲以悖逆之罪置苏轼于死地。然而，苏轼却让这些小人失望了。原来这首诗在扬州已然刻石，日期清晰可查——写于元丰八年（1085）五月，距神宗皇帝驾崩已两月有余。

再进一步来说，这首诗的主题原本也不涉及政治，是苏轼从贬谪之地黄州复起，沿途访旧看田、流连宝刹时所写的一首个人感怀诗。即使牵强附会于政事，当时哲宗皇帝新立，苏轼作为人臣，表现出喜悦之情，又有何不可呢？

这件事情一度闹得很大，但苏轼举证清晰，再加上高太后直接干预，苏轼便躲过一劫。经过此事，苏轼深感人心险恶，更加觉得汴京不宜久留，于是频繁上书请求外调。最后，朝廷批准了，令他以龙图阁学士的身份，任颍州知州。

于是，苏轼还京不到三个月，又踏上宦游之路了。

苏轼的一生，何止一百次在路上？可以说，他是在寸寸抚摸山水肌肤，步步丈量生存境域，有趣的、神秘的地方就逗留十天半月，将民风民俗连同村酿村菜都体验一番。他赶路时，或车行、马行、舟行，或直接步行，但不大喜欢乘坐肩舆（轿子）。全家老幼十几口边玩边走，日行五六十里，到处都是看不够的春花秋月、竹林茅舍、麦浪稻浪和平冈高丘。南方的妩媚与北方的粗犷，尽收眼底。或许，养浩然之气，就是如此。

元祐六年（1091）八月二十五日，苏轼抵达颍州。这里曾是欧阳修担任知州的地方，也是欧阳修告老还乡后的定居之地，再加上欧阳修的两个儿子欧阳棐、欧阳辨在此闲居守制，而颍州的州学教授陈师道是“苏门六君子”之一，通判赵德麟也与苏轼性情相投，因此，苏轼对这个平原之地，一开始就充满了感情。

在广袤的颍州城西，也有一处西湖，其风景秀丽，水波轻漾，虽不如杭州西湖闻名全国，但也是绝佳的赏景胜地。苏轼闲暇时，时常泛舟颍州西湖，写下了著名的五言诗《泛颍》：

我性喜临水，得颍意甚奇。
到官十日来，九日河之湄。
吏民笑相语，“使君老而痴。”
使君实不痴，流水有令姿。
绕郡十余里，不驶亦不迟。
上流直而清，下流曲而漪。
画船俯明镜，笑问“汝为谁？”
忽然生鳞甲，乱我须与眉。
散为百东坡，顷刻复在兹。
此岂水薄相，与我相娱嬉？
声色与臭味，颠倒炫小儿。
等是儿戏物，水中少磷缁。
赵陈两欧阳，同参天人师。
观妙各有得，共赋《泛颍》诗。

这首诗就像颍水，不疾不缓地展露出来了，在官场上心力交瘁的苏轼又变成了山水田园间闲适自在的苏东坡，与水嬉戏，须眉皆乱。苏轼在这样的环境中，仿佛找到了长久以来想要追求的宁静和安定。

但事实上，一切都是苏轼的一厢情愿。接下来的两年多，他出知颍州、扬州、定州，所谓“二年阅三州”。他在三地各有建树，史料确凿，包括苏轼本人的诗文、书信和奏折都可为证。用勤政爱民这类词来形容他，再平常不过了。他爱民的举动源远流长，有权无权都一样，只不过权力在手，作为更多而已。

即使在颍州政务较为清简，苏轼还是在短短的半年时间里，为颍州百姓做了几件大事。比如，阻止朝廷开挖百弊而无一利的八丈沟，组织役夫开发颍州境内的沟渠，以及疏浚颍州西湖和清河。

苏轼勤政爱民，但朝廷并没有给他长久造福颍州人民的机会。元祐七年（1092）二月，苏轼接到朝廷诏令，改知扬州。他就这么被调来调去的，尽管已经习惯了，却依然觉得无奈和疲倦。

苏轼到达扬州时，正值阳春三月，百花争艳。扬州的芍药很有名，蔡京做扬州知州时，曾仿照洛阳的万花会，也在扬州举办盛会，结果用花十多万枝，而且一定要用极品芍药。然而，这种万花会，百姓往往无缘尽情观赏，从上到下的官吏和奸商却借着万花会花天酒地，谋取利益，成为一大民害。

苏轼上任，首先停止了这类粉饰太平、劳民伤财的活动。他写信给王巩陈述心中所想："花会检旧案，用花千万朵，吏缘为奸，乃扬州大害，已罢之矣。虽煞风景，免造业也。"花是美好之物，人人都喜爱，然而万花会中的鲜花却泛滥成灾，百姓为其所累，花就不再是好东西了，便也不能为苏轼所接纳。《东坡志林》也记载了苏轼关于万花会的想法："余始至，问民疾苦，以此为首，遂罢之。"

其实，苏轼作为一位充满浪漫情怀的文人，当然也爱花惜花。取消了赏花盛会，他的这个春天便也少了许多乐趣，但苏轼却不以为然，依旧对扬州之地充满热爱之情。

扬州，作为"淮左名都，竹西佳处"，也曾是欧阳修的治所之一，他还在这里修建了平山堂。苏轼闲来无事，会到恩师留下的平山堂观风赏月，怀古追思，他曾感慨地写道："每到平山忆醉翁，悬知他日君思我。路傍小儿笑相逢，齐歌万事转头空。"

苏轼与欧阳修之间，仿佛充满了历史的宿命感，他们是师徒，是政治盟友，更是世间难觅的知己。只是在时代的洪流和政治的漩涡中，他们都难以独善其身，尤其是苏轼，一生几经沉浮，辗转波折。

好在苏轼始终是乐天安命的，无论是初入仕途的凤翔，还是两次结缘的杭州，一展抱负的密州和徐州，抑或是谪居五年的黄州，他都充满了感情。对于新任之地扬州，他当然也是如此。

扬州给苏轼的印象，最初是一片丰收景象，田间青苗招展，绿意盎然。然而，往村郭乡里走去，却人烟稀少。苏轼做过多年的地方官，经验相当丰富，他觉得其中定有蹊跷。果然，当他"屏去吏卒，亲入村落，访问父老"后，父老吐露真言：丰年其实还不如凶年，凶年节衣缩食，犹可糊口；丰年要交积欠，胥吏在门，枷棒加身，老百姓反而活不下去。

百姓口中的积欠，就是历年所欠政府的官税，这原本就是一笔极大的款项，但还有地方官吏从中浑水摸鱼，增加百姓负担。所以，做官的都说丰年好，因为好收成带来丰厚的积欠，普天自会同庆丰年好。一般的行政长官想来是乐意这样附和的，但苏轼并不会随波逐流，他考虑的始终都是百姓是否真的可以安居乐业。

他初步算了一下，全国有二十余万从事催欠的吏卒，等于二十万只虎狼奔走咆哮于民间。苛政猛于虎，猛于水旱之灾。朝廷显然不可能解散那些催缴积欠的虎狼吏卒，这样便会减少朝廷的财政收入，其他地方官想必不会这么干，但苏轼不管，他的目光始终绕不开穷人的脸，他心中一直存在着悲天悯人的情怀。

苏轼为官一地，总是忙于解决积欠的问题。在杭州，他就曾上奏朝廷，请求为百姓减免积欠，但没有得到回应。到了扬州，他亦全力为民争取。为了向朝廷表明其中的利害关系，他写了一篇长达七千多字的文章，言辞恳切地说道："水旱杀人，百倍于虎，而人畏催欠，乃甚于水旱。"这一次，他的努力得到了回应，朝廷很快批示，暂停催收。

苏轼一以贯之地向着民间，早年如此，晚年也如此。他是真正令人可亲可敬的地方官。然而，在扬州半年后，朝廷告下：苏轼以兵部尚书召还，兼端明殿学士，又兼侍读，即做哲宗皇帝的老师。此前他已是龙图阁学士，一身而双学士，在有宋一代的翰林院是不多见的。高太后确实器重他，却未必出于私心，毕竟他在京城和地方的政绩都是有目共睹的。

此时苏辙任门下侍郎，相当于副宰相。兄弟俱荣耀，"内翰外相"，有些官员便非常紧张：这不是把持朝政了吗？苏氏兄弟有朝一日真的当上左右二相，他们必定没办法谋私利了。于是，这些人本着先下手为强的思想，条件反射地动起拳脚。苏轼还在从扬州赶往汴梁的路上，种种诬陷就像箭一般飞向他了。

入京之后，苏轼便请辞兵部尚书，高太后倒是恩准了，却又让他担任礼部尚书。他再辞，乞一郡，比如出知越州（今浙江绍兴）。太后不允，她对苏轼说："爱卿惧怕谣言，然一切都有我担着。"苏轼只能硬着头皮，专心一件事——做帝王之师。

这一年，宋哲宗已长到十六岁，亲政之日指日可待，也按惯例进行了许多亲政前的必要流程，比如举行初幸太学的大典，举办结婚大典和册封皇后，以及筹办冬季的郊祀大礼等。然而，此时的哲宗仿佛等不及了，迫切地想要独立做主。他对高太后在政务上全包全揽的行为非常反感，每次上朝，太后在前他在后，他便对左右抱怨说："朕只见臀背。"再加上高太后管教严格，这也让懒惰好色的哲宗很不耐烦，甚至生出叛逆之心，凡是高太后宠信的人，无论才能多高、品行多好，他都不喜欢。

苏轼作为高太后指派的帝王之师，也毫无例外地被哲宗讨厌了，他完全不配合苏轼的讲学。比如，苏轼煞费苦心地准备教材去讲学，哲宗却在迩英殿听得心不在焉，甚至吹毛求疵地挑事，心中也只想着与宫女寻欢作乐。

皇帝如此行事，苏轼只能仰天长叹。苏辙劝他说："我们尽力就行了，只求问心无愧。"而苏轼想得很远，他想让哲宗成为一代明君。对古代士人来说，做帝王师是他们共同的最高理想，教出一个好皇帝，胜做百年好官。

然而，学富五车的苏轼对哲宗皇帝一筹莫展。他身上始终有高太后的影子，他不可能去掉这影子，一切努力均被它抵消。偏执少年不管实际的政治情况和苏轼的用心良苦，始终用阴郁的目光盯着苏轼身上的影子不放，却又不明说，似乎在等着一场风暴的到来。

一贬再贬的仕途

苏轼做地方官时一般相安无事，一旦回到朝廷，却总有麻烦缠身。眼下，他的一大“罪名”是推荐蜀人及门下士人做官，形成所谓蜀党，结党营私。

元祐八年（1093）的四五月份，谏官黄庆基等人连上七道奏章弹劾苏轼，奏章中说：“礼部尚书苏轼，天资凶险，不顾义理，言伪而辨，行僻而坚。故名足以惑众，智足以饰非，所谓小人之雄，而君子之贼者也。”

这个以君子自居的小人黄庆基，言辞功夫不差，甚至摘取苏轼任中书舍人时撰写的制诰中的文字，牵强附会，指责苏轼“讪谤先帝”。在他的攻击下，朝廷沸沸扬扬，之前那些欲巴结苏轼的小人，皆转过身去磨刀。然而，宰相吕大防一改平时的老好人形象，在千钧一发的时候，站出来主持了一回公道，指责言事官“中伤士人，动摇朝廷”。高太后也乘势发力，罢免了黄庆基和同谋的御史董敦逸。

朝堂争斗，暂时告一段落。可是天有不测风云，生活上的打击突然降临到了苏轼身上。这一年的八月一日，苏轼的夫人王闰之因病去世。这对年过半百的苏轼来说，是一个沉重的噩耗。虽然王闰之没有像王弗那样陪伴苏轼度过青葱岁月，引导苏轼在爱情和事业上走向成熟，也不如王朝云懂得苏轼的心思，但她和苏轼的感情也是朴实长情的。

苏轼曾多次夸赞王闰之是个贤妻，她在生活上无微不至地关心苏轼，与苏轼的侍妾王朝云也能和睦相处。她陪着苏轼走过了起伏多变的二十五年，风光时不骄纵，落魄时也心甘情愿地同苏轼赤脚耕田。但如今，她再也不会出现了，再也不能与苏轼并肩承受那些冰冷的风雨了。

痛苦之中，苏轼含泪写下了情绝千古的祭文《祭亡妻同安郡君文》，其中说道：

妇职既修，母仪甚敦。三子如一，爱出于天。从我南行，菽水欣然。汤沐两郡，喜不见颜。我曰归哉，行返丘园。曾不少须，弃我而先。孰迎我门，孰馈我田。已矣奈何，泪尽目干。旅殡国门，我实少恩。惟有同穴，尚蹈此言。呜呼哀哉！

所谓的“同安郡君”，便是王闰之的封号。在这篇祭文中，苏轼描述了王闰之勤劳贤淑的一生，感谢她在自己落魄时不离不弃地跟随，以及对待王弗留下的儿子也视同己出。苏轼觉得自己无以回报，唯有与王闰之同穴而眠。后来，苏轼去世后，苏辙便遵从了兄长的意愿，将他与王闰之合葬。

苏轼丧妻的剧痛尚未缓解，朝廷中就发生了一件惊天动地的大事。九月三日，主持“元祐更化”的高太后病逝。一时间，朝堂风云变幻，那些在高太后掌政时期失势的元丰党人，开始在暗中活跃起来了，企图重回政治中心。而哲宗在亲政第二天，便恢复刘瑗等十名内侍的职位，有意思的是，这些内侍与吕惠卿、章惇等元丰党人关系十分密切，似乎一切都在伺机而动。

在高太后去世之前，苏轼已获准以端明殿学士、翰林侍读学士充河北西路安抚使兼马步军都总管，知定州。不过，由于接二连三的变故，直到九月中下旬，苏轼才离京。

按惯例，大臣离京前要面辞皇帝，但哲宗却找借口不见苏轼。不过，哲宗毕竟是他的学生，虽然离京时没见他，却命人塞给他一包茶叶。

十月二十三日，苏轼抵达定州。定州是当时的北方军事重镇，但自“澶渊之盟”签订，边境获得暂时的安宁后，其军备日益松弛。苏轼上任后，首先采取措施整顿军防，加强士兵的日常训练，又维修军营，尽量改善底层士兵的生活条件。这样干了半年多，军政两摄，渐渐理出头绪。

朝廷暂时也没有动静，苏轼稍微安下心来，但归隐故乡的愿望却越来越强烈。他想着，一家人就在定州待着吧，干到致仕的那一天，再迁到江南定居。这样的前景似乎还不错，他的长子苏迈，娶了眉州人石昌言的孙女为妻，并已踏上仕途，现任县尉。次子苏迨，娶欧阳修的孙女为妻。眼下的苏轼则五十七岁了，也许再过半年就能退休。苏轼还对王朝云许愿，要带她去老家眉山看看，在二老及王弗的墓前上香烧纸……

然而，苏轼终其一生，却没能实现他的夙愿，政治的风暴很快波及而来。

元祐九年（1094）四月十二日，哲宗改年号为“绍圣”，决定沿用神宗时期的新政方针。不久，保守派的吕大防、范纯仁被免职，章惇、安焘等变法派大臣得以重用。然而，自王安石去世之后，所谓的变法派早已背弃了王安石变法的初衷，不是为了富国强兵、改善民生，而将变法当成政治斗争的手段，打击异己。于是，短短两个月内，三十多位朝廷重臣被罢官，贬到偏远地区。

在这场风暴中，苏轼和苏辙兄弟也未能幸免于难，身在汴京的苏辙早在元祐九年（1094）三月二十六日便被革职，谪守汝州。不到一个月的时间，即四月下旬，章惇的爪牙——御史虞策、殿中侍御史来之邵，便沿袭之前黄庆基等人曲解的苏轼言辞，弹劾苏轼“讥斥先朝”。

这时局势已变，没有吕大防为苏轼伸张正义了，也没有高太后为苏轼做主，小人的弱智计谋得逞了。不久，哲宗的诰命下达，取消苏轼端明殿学士和翰林侍读学士的称号，撤销其河北西路安抚使、马步军都总管的官职，改以左朝奉郎（正六品文职），并责知英州（治所在广东英德）军州事。

按宋制，“责知”某地，是马上就要启程的，不像升迁或平移那样可以缓慢上任。于是，一夜间，苏轼全家不得不收拾铺盖，启程前往英州。走出几百里，第二道命令又至：降苏轼为从六品官，仍知英州。至此，政客们依旧不满足，马上又怂恿哲宗下达第三道诰命：“诏苏轼合叙复日不得与叙复。”意思是取消苏轼叙官（升官）的资格，阻绝苏轼升迁的一切希望。

在这场构陷苏轼的事件中，章惇起到的作用显而易见。然而，作为苏轼的老朋友，以及曾经在“乌台诗案”中挺身而出为苏轼说话的人，他此时又为何要陷害苏轼？这是历史上的一大迷惑之处。

哲宗亲政，原本无意对苏轼发难。章惇做宰相，却把矛头直指苏轼，手段极其狠毒。也许，他的动机是除掉苏轼这个潜在的政敌、宰相位置的有力竞争者。小人行事的特征就是这样，在考虑利益时不需要任何理由，也不会顾念任何情谊。

章惇是蛊惑力极强的人，玩小皇帝于股掌之中。他天不怕地不怕，行事果敢狠辣，苏轼曾拍着他的背预言："子厚异日得志，必能杀人！"殊不知，事隔三十几年，章惇的屠刀架到了苏轼的脖子上。

苏轼被三改谪命，都是章惇所为。这个超级政治打手，出手异常凶狠，务必要让挨打的人趴下，再也直不起腰。他不仅打击苏轼和苏辙兄弟，也波及苏轼的门生，秦观、张耒、黄庭坚等"苏门学士"均遭贬黜……

苏轼深知此次凶多吉少，走到南都城外时，曾写信给朋友说："英州之命，未保无改也？"果然，当他六月到达安徽当涂，又一道谪命来了："予道贬建昌军司马，惠州安置，不可复以家行。"至此，苏轼由外放的州官变成了听候地方安置的罪臣，相应的俸禄一律取消，改为折支（作为俸禄的实物）。

此时的处境愈发艰难了，苏轼面临着万里投荒，"陆走炎荒四千余里"。身边已不适合拖家带口，他决定只身一人远赴贬所，翻过大庾岭到惠州，并让儿子苏迨、苏过带领其他眷属到宜兴去和长子苏迈同住。之前，苏迈在苏辙的赞助下，已前往宜兴，那里还有一些苏家的田产可维持生活。

听到苏轼如此安排，家人不同意，但苏轼态度非常坚决，家人只能哭作一团。唯独王朝云从容沉静，她心中早已下定决心，自己要和王巩的爱妾柔奴一样，随着爱人远赴天涯。苏轼劝说无果，只能同意。最后，在家人的坚持之下，除了王朝云，还有苏轼的小儿子苏过和两个女佣随苏轼前往惠州，其他家眷皆由苏迨带领，去往宜兴。一家人就此别过。

此后，苏轼携王朝云与苏过，一路经湖口、九江、南康、都昌，于八月上旬到达庐陵（今江西吉安）。这时，朝廷又传来了第五道诏令，把苏轼从建昌军司马降为宁远军节度副使，仍惠州安置，不得签书公事。职位一降再降，无非是章惇一再施行打击的手段而已，但苏轼不是心胸狭窄、睚眦必报的章惇，他依然淡然处之。

九月，苏轼过大庾岭。这个大庾岭在今天的江西省大庾县南、广东省南雄县北，号称大庾五岭，其作为一道自然的屏障，分隔了内陆文明与南国炎荒。宋朝有不杀大臣的惯例，惩罚最重的也就是贬到岭南。

苏轼在大庾岭的五岭八峰中走了一个多月，奇遇颇多。崎岖的山路是盛唐名相张九龄贬官时走过的，南国的山里风光也令人耳目一新，而山中俨然还藏着见识颇深的道人、隐士和高僧。苏轼与他们交谈，引为同道中人，仿佛心灵也得到了净化。基于此，他写下了《过大庾岭》：

一念失垢污，身心洞清净。浩然天地间，惟我独也正。
今日岭上行，身世永相忘。仙人拊我顶，结发授长生。

苏轼自贬官以来的苦闷和委屈，在大庾岭上仿佛得到了化解，身心清明无怨，宠辱不惊。古人认为一旦过了大庾岭，便祸福难料，赋归无期，对未来也会充满担忧和恐惧。比如唐代宋之问被贬岭南时，走到大庾岭就触景生情，黯然神伤，在《度大庾岭》中凄凉地写道："魂随南翥鸟，泪尽北枝花。"

与其他古人不同，苏轼没有一味地感伤，大庾岭的际遇反而令他的心情复归宁静。浩然天地之间，如果心中保持着正大光明，何地不能自处？即使是不受世人待见的大庾岭，岭上还有仙人传授长生的秘诀……

翻过大庾岭后，又经韶州、英州、广州等地，一路历经艰难险阻，终于，苏轼于绍圣元年（1094）十月二日抵达惠州。从此，一段不同于以往的岭南生活，在苏轼的人生中徐徐展开了。

第八章

身如不系之舟

多欲，多慈，多思

苏轼到了惠州，当地的官员久闻苏轼大名，皆以礼相待，知州詹范尤其热情，特许苏轼暂住在三司行衙（北宋高级官员出巡的临时住所）的合江楼。

合江楼位于惠州的东北部，东江和西枝江在这里合流。此地风光优美，登楼可见远处的连绵青山，又有江风徐徐而来，空气中都是清凉的味道。苏轼非常喜欢合江楼的环境，但这里毕竟是官舍，他住着不方便，于是，不久之后，他便搬到了嘉祐寺居住。

紧接着，常态化的清苦日子开始了。惠州是个小城，蔬菜缺，肉更少。他在写给苏辙的信中说："惠州市井寥落，然犹日杀一羊，不敢与仕者争买，时嘱屠者买其脊骨耳，骨间亦有微肉……意甚喜之，如食螃蟹……"

他写信不谈别的，专说吃羊脊骨的方法——如何炙烤，如何用针挑出骨间的微肉，吃出美滋滋的感觉。不过，这么细致地挑吃羊骨，"则众狗不悦矣"。苏轼的言语间，有苦中作乐，有调侃之意，更有无奈之情。

此外，惠州作为岭南之地，不同于内陆城市，城内杂居着多个民族，而少数民族也有自己的语言，苏轼听不懂，这让他对岭南感到十分陌生。

不过苏轼天生是乐天派，将息数日之后，他便开始用一向平和而又充满好奇的眼光打量周遭了。惠州地处岭南，背靠罗浮山，气候常年温和湿润，山林草木茂盛，而民间文化也多姿多彩，有汉剧、渔歌、山歌、舞龙、舞狮、舞春牛、舞火狗等各种文化活动。这优美的自然风光与丰富的人文盛景，极大地抚慰了苏轼心中的落寞。尽管他依然会感慨命运多变，但相比元丰时期被贬官黄州来说，心态已然调整得很好了。

此时，在江浙的佛印禅师也写信来安慰他，结果这封信成了历代高僧的著名书信之一：

子瞻中大科，登金门，上玉堂，远于寂寞之滨，权臣忌子瞻为宰相耳。人生一世间，如白驹之过隙，三二十年功名富贵，转盼成空，何不一笔句断，寻取自家本来面目！……三世诸佛，则是一个有血性的汉子。子瞻若能脚下承当，把一二十年富贵功名贱如泥土，努力向前，珍重，珍重！

大彻大悟的禅师，大彻大悟的话语，也给了黑暗中的苏轼一分力量。

苏轼善于各方借力，不管是在书本上，还是在生活中。他融会贯通中国文化的精髓，修炼成钢，却不失血肉之躯。而这向来是佛教的两难，以及西方哲学家如叔本华的两难：无限的欲望导致无限的痛苦，倒不如冷却成石头。苏轼心中有济苍生的无限欲望，但这种欲望没有让他冷却，他始终保持着躯体的热度，甚至学会了向各种各样的苦难借力，化痛苦为欢乐祥和。翻遍古代史籍，修炼到如此境地的也是屈指可数。

苏轼成了罪臣，闲暇的时光多了起来，他便如在黄州时那样，时常在居所附近散步。在嘉祐寺的不远处，有一座松风亭，环境清雅，更是成了苏轼常去的地方。

有一次，苏轼照常向松风亭信步而行，但走到中途，便感到腿酸疲乏，很想找个地方休息。然而，他抬头望向远处的松风亭，觉得还要走很久，可是自己又支撑不住了，便转念一想：为何一定要到亭子里才能休息呢？这里难道不能休息吗？于是他便就地歇息，心情也顿时放松起来，仿佛突然得到了解脱。

根据这次经历，苏轼写下了意味深长的小品文《记游松风亭》：

余尝寓居惠州嘉祐寺，纵步松风亭下。足力疲乏，思欲就林止息。望亭宇尚在木末，意谓如何得到？良久，忽曰："此间有甚么歇不得处？"由是如挂钩之鱼忽得解脱。若人悟此，虽兵阵相接，鼓声如雷霆，进则死敌，退则死法，当甚么时也不妨熟歇。

苏轼此次登松风亭未遂，却再次觉悟到随遇而安的生活态度。如果人们在生活中、在工作中能够安之若素，不轻易画地为牢，不将自己限定在一成不变的规则和世俗中，或许心灵便能得到自由。

在惠州，爱好美食的苏轼也吃上了当地的荔枝。他非常喜爱这种光滑多汁、味道鲜美的南国水果，欢愉之情掩盖不住，挥笔写下了《惠州一绝》：

罗浮山下四时春，卢橘杨梅次第新。

日啖荔枝三百颗，不辞长作岭南人。

罗浮山下的四季如春天那样明媚，枇杷、杨梅和荔枝等水果每天都有新鲜的可以品尝。苏轼想着，如果每天都能吃到三百颗荔枝，他愿意永远都做岭南人。

苏轼的心境，从这首诗中也可窥见一二。在宋朝，岭南两广一带是人们心中的蛮荒之地，重罪之臣多被流放至此。迁客逐臣到了这里，心中往往有诸多哀怨嗟叹之辞，而苏轼则不然，他在这首七绝中表现出素有的乐观旷达的精神风貌，同时还表达了对岭南风物的热爱之情。如今的广东惠州市，则将此诗视为荣耀，“自从东坡贬岭南，天下不敢小惠州”。

惠州民风淳朴，豁达乐观、与人为善的苏轼很快就和惠州人打成一片。他的身边又聚集了一群地位悬殊、层次不等、性情各异的朋友，尤其是惠州百姓，时常携带酒水、茶、米前来拜会，为患难中的苏轼尽自己的一片心意。

百姓如此亲近苏轼，根源于苏轼的爱民。在惠州，即使他是罪臣之身，依然不忘关心民生，比如利用自己的影响力为百姓造桥和种草药。

连接惠州东江两岸的原是一座竹制浮桥，而湍急的江流常将这座简陋的浮桥冲散，行人只能靠小舟渡河，结果每年都有不少人落水，被浪花卷走，丧失生命。苏轼了解这个情况后，建议修桥，但惠州官府却苦于拿不出钱来。而苏轼本人虽说曾经身居显位，但他本人清廉，又没有储蓄的习惯，有了钱财也总是随手散去，所以多年之中都未留下什么积蓄。

于是，他四处奔走，为建桥筹款。他不仅动员知州詹范出面筹措资金，又写信给弟弟苏辙，动员弟媳史夫人拿出朝廷曾经的赏赐。其实无须动员，只要他开口，史夫人便会全力支持。果然，史夫人看到苏轼的来信，尽管她考虑到丈夫苏辙也因为贬官而没有什么收入了，她依然二话不说，拿出手中仅有的价值数千金的东西，派人急送惠州。

有了这笔钱，东江上的大桥很快就修好了，名为“东新桥”。苏轼不仅参与了筹款，也参与了东新桥的方案审议、组织施工等全过程，可说是尽心尽力。桥成之日，东江两岸全是欢呼声，三日不绝，许多人喜极而泣道：“东坡先生早一点儿到惠州该有多好！”

修建东新桥的同时，苏轼也将目光投向了惠州西湖，即位于惠州西面的丰湖。丰湖上原有长桥，但不断遭到湖水冲击，频繁毁坏。这一次，在苏轼的支持下，西新桥也成功得到重修。为了纪念苏轼的功绩，惠州百姓也将这里的湖堤命名为“苏堤”。从此以后，天下便有了三条苏堤：杭州苏堤、颍州苏堤和惠州苏堤。

关于西新桥建成后百姓的热烈之情，苏轼也在《西新桥》这首诗中进行描绘了：“父老喜云集，箪壶无空携。三日饮不散，杀尽西村鸡。”而看到鸡血遍地，他又心生怜悯，为杀生感到难过。不得已，他找到一句安慰自己的话：“世无不杀之鸡……”

从造桥这件事，也能直观地看到苏轼的特点：多欲，多慈，多思。

苏轼在惠州不仅为民造桥，还种草药。惠州瘴毒弥漫，常有疫病流行，而当地人不大懂得医药，病死率很高。苏轼率先种药，托人从广州买药材，并在居所前后种满药草，就像在黄州的东坡种麦子。待药草长成，可以用药后，他便合药施舍给当地的百姓。他常年读医书，便又开方看病，做起了郎中。

有人不理解苏轼的行为，私下议论起来："无病而多蓄药"，"劳己而为人"，这似乎有悖于人的自私天性，莫非其中有见不得人的动机？对此，苏轼毫不掩饰自己的想法，他觉得所做之事全是为了自己："病者得药，吾为之体轻；饮者困于酒，吾为之酣适，盖专以自为也。"

就是在苏轼的带动下，以及官府的宣传下，惠州药材渐多，郎中渐多，而常年疾病缠身的百姓也得以受惠。

此外，苏轼还将内陆的一种快速插秧的农具"秧马"介绍给惠州人，减轻了百姓的劳动强度；他还替广州人设计"自来水工程"，大大缓解了广州的饮水困难……

朝云仙逝于惠州

绍圣二年（1095）三月七日，苏轼在惠州待了五个月了，这时他迎来了一个不速之客——新任广州提刑程正辅。

这个程正辅不是别人，正是苏轼的表兄，也是他的姐夫。然而，原本是亲上加亲的关系，却因为苏轼的姐姐八娘之死而反目成仇。原来，苏八娘嫁到程家不到一年，就因备受公婆责难，抑郁去世，这件事从根本上影响了苏家和程家的关系，当时苏轼的父亲苏洵专门写了一封绝交信，与程家断绝关系，此后苏轼与程正辅也不再往来。

如今，苏轼落难于惠州，程正辅则在广州巡视，似乎报复苏轼的时机到了。有意思的是，程正辅正是章惇特意派到广州的，阴险狡诈的章惇打听到这段前尘旧事后，便想利用这件事继续刁难苏轼。

然而，程正辅和苏轼见面后，却是另一番场景。他们在嘉祐寺简陋的斋房中对坐而饮，互相追忆眉山往事和童年时光，却在忆旧事、思故人之中，发现亲情依旧如此珍贵。他们决定摒弃前嫌，重新成为朋友。而在程正辅的帮助下，苏轼也回到了环境清雅的合江楼居住。

搬回合江楼后，苏轼的生活暂时安定下来。他每天或静坐沉思，或酿酒做菜，或写诗怡情，生活自在而惬意。虽然被贬到如此荒远之地，他远在内陆的朋友们一直都没有将他忘记，朋友们的书信往来不断。陈慥致信说，要到惠州来看望他，他回信劝阻老朋友："莫作儿女态也。" 他常说"须髯如戟"，意思是七尺男儿不独骨头要硬，连胡须都要坚硬如戟。

其实，苏轼内心非常想念老友，只是不愿朋友们远道奔波，尤其是岭南一向被视为凶险之地。不过，这依然不能阻止友人前来。有一位杭州和尚，名叫卓契顺，从江南到岭南走了几千里路，只为送几封书信。卓契顺是苏州守钦长老的门下弟子，一日，苏迈拜访守钦长老，为送信的事儿犯愁，旁边的卓契顺说："惠州又不是在天上。"他决定亲自送信。

他一路跋山涉水，到惠州时已然精疲力竭，人瘦如柴，但他见了苏轼却开心地傻笑起来，拿出了苏迈的家信，以及佛印、钱济民等人的问候信。在场之人无不落泪，苏轼也非常感动，要送些礼物给卓契顺。然而，卓契顺却说，只想要一幅苏轼亲笔写的陶渊明《归去来辞》。于是，苏轼铺开纸笔，浓墨挥毫："归去来兮，田园将芜胡不归……"这幅写给卓契顺的书法长卷，至今犹存，见证了友人们与苏轼的情意。

绍圣三年（1096）三月，苏轼在惠州一年多了，朝廷关于元祐党人永不赦还的消息传来，他决定在惠州长期定居。很快，他找好地方，在白鹤峰买下了几亩田地，计划把在宜兴的长子苏迈全家和幼子苏过的家眷都搬到惠州。至于二子苏迨，因文采颇佳，苏轼则想留其在宜兴应试科举。

地买下来之后，苏轼便着手规整土地，建造房屋。他计划建屋二十间，凿井四十尺，并在南面的空地上种上花草树木，营造一个宜居的田园之地。为了完成这个设想，以及便于监工，他又从合江楼搬回到嘉祐寺居住。

苏轼在白鹤峰买地建屋的消息传开之后，当地的百姓纷纷自发前来帮忙。在他们的帮助之下，一座结构精巧的民居很快便初具规模了。苏轼高兴万分，在架设房梁的那天，专门写文《惠州白鹤新居上梁文》，其中说道："伏愿上梁之后，山有宿麦，海无飓风……凡我往还，同增福寿。"

然而，苏轼的美好愿望却被现实击得粉碎。新居尚未建成，绍圣三年（1096）七月，他的侍妾王朝云便病逝了，年仅三十四岁。

仅在数月之前，王朝云还在过三十四的生日，那时苏轼写下了《朝云生日致语口号》，其中后四句，苏轼称赞王朝云道：

天容水色聊同夜，发泽肤光自鉴人。
万户春风为子寿，坐看沧海起扬尘。

容貌秀美的王朝云，死于惠州流行的瘴毒，苏轼种了那么多草药，依然未能挽救她年轻的生命。临终前，她口诵《金刚经》六如偈："一切有为法，如梦幻泡影，如露亦如电，应作如是观。"

在王朝云去世之前，她仿佛已经察觉到自己的身体不行了，在为苏轼唱"枝上柳绵吹又少，天涯何处无芳草"时，唱着，唱着，眼泪便流了下来。而在王朝云去世之后，苏轼终身不听不书这首《蝶恋花》。

根据王朝云的遗愿，八月三日，苏轼将她葬于惠州丰湖岸边的栖禅寺东南山坡之上，那里有大片的松树林。后来，栖禅寺的和尚们感念她高尚的品质与对佛教和禅学的信仰，专门在她的墓地上建造了一个亭子，世称“六如亭”。

悲伤之中，苏轼也为王朝云写下了墓志铭：

> 东坡先生侍妾曰朝云，字子霞，姓王氏，钱塘人。敏而好义，事先生二十有三年，忠敬若一。绍圣三年七月壬辰，卒于惠州，年三十四。八月庚申，葬之丰湖之上，栖禅山寺之东南。生子遁，未期而夭。盖常从比丘尼义冲学佛法，亦粗识大意。且死，诵《金刚经》四句偈以绝。铭曰：浮屠是瞻，伽蓝是依。如汝宿心，惟佛之归。

王朝云于熙宁七年（1074）进入苏家，至此她已陪伴苏轼二十二年，在这期间，无论苏轼在宦海中如何沉浮，无论苏轼在杭州、徐州、黄州、汴京、扬州、定州等地如何辗转，她始终不离不弃，深情不变。尤其在偏远的惠州，她无怨无悔地陪在苏轼身边，细心地照料苏轼的饮食起居，精打细算地安排苏轼父子的生活，闲暇时便跟着苏轼一起读书、习字，也与苏轼谈禅论道，仿佛艰苦的生活和在繁华的京城时并无分别。

更为重要的是，她虽然是一名侍妾，却是苏轼的知己，是王弗之后最懂苏轼的人。在世人眼中，苏轼是文坛全才，是政坛上的不幸者；在政敌眼中，苏轼是顽固不化的反对派，是政治方针的挑刺者。但只有王朝云深切明白，苏轼的“一肚子不合时宜”，其实是他在坚持真理，而不是为任何政治流派站队，他考虑的首先是也永远是济世和利民。

如今，最懂苏轼的王朝云永远离开了。人已去，美景空。

在王朝云生前，苏轼曾为她写过许多作品，而在她去世之后，陷入回忆和怀念中的苏轼更是写了许多悼念王朝云的诗词，比如“此会我虽健，狂风卷朝霞”“伤心一念偿前债，弹指三生断后缘”，等等。而在王朝云去世的三个月后，苏轼为其写下了《西江月·梅花》：

玉骨那愁瘴雾，冰肌自有仙风。海仙时遣探芳丛，倒挂绿毛幺凤。

素面常嫌粉涴，洗妆不褪唇红。高情已逐晓云空，不与梨花同梦。

这首词是苏轼婉约词中的佳作，借物喻人，以玉骨冰姿的梅花来赞扬王朝云。在苏轼心中，王朝云显然是一位美人，天生丽质，素面唇红，正如同娇而不艳的梅花。同时，梅花还不惧严寒，傲霜斗雪，这也是王朝云身上所具有的特性，她不畏瘴雾，跟随苏轼到岭南之地，在艰苦的条件中始终泰然自若。这样纯真的感情让苏轼颇为感动，他感谢王朝云对自己的深情，以及互为知己的情谊。全词既咏梅，又怀人，格调哀婉，情韵悠长。

王朝云走了，苏轼身边只有小儿子苏过一个人了。苏过很孝顺，苏轼在写给朋友的信中多次表扬他。老人的饮食起居，“独过侍之，凡生理、昼夜、寒暑所需者，一身百为，不知其难”。

其实，苏轼的三个儿子都一样孝顺，只是另外两个儿子尚在内陆。好在贬谪惠州的第三年，白鹤峰新居建成，这时苏轼的长子苏迈也带着妻子和三个儿子，以及苏过的妻儿到惠州了。一家人终于可以欢聚一起，其乐融融。

此间，距离王朝云去世已半年，苏轼悲伤的情绪也平稳下来，在家人的陪伴下，他又展露仙容了，欣然提笔写道：

白头萧散满霜风，小阁藤床寄病容。
报道先生春睡美，道人轻打五更钟。

这首题为《纵笔》的小诗，很快传到京师，被心胸狭窄、阴暗凶狠的章惇看到了，他大笑道："苏子瞻还这么快乐吗？"于是，他利用朝廷对元祐党人的第二次清算风潮，将苏轼再贬到海南儋州。

其实，朝廷的风云变动从绍圣四年（1097）三月就开始了，只是苏轼地处偏远的惠州，难以及时获知消息和早做安排。而当朝廷贬谪苏轼的诰命送到惠州时，已是四月了，那时苏家的白鹤新居仅住了不到两个月。

为了营建这处新居，以让家人团聚，苏轼几乎花光了所有的积蓄，而他作为宁远军节度副使的折支却迟迟未能拿到，此时他已是相当拮据，更别说再长途跋涉去儋州赴任了。

然而，无论苏轼的生活如何困苦，皇命却难以违抗。无奈之下，六十一岁的苏轼只能将全家人安置在白鹤新居，并请好友王古代为奏请折支，又立下遗嘱留给长子苏迈，最后只带苏过一人前往儋州。到了离别的那一天，苏迈带着全家人到江边送行，他们相拥哭泣，其间的悲伤不言而喻。

苏轼一路溯江而行，于五月初抵达梧州，这时他听说弟弟苏辙在藤州，于是快马加鞭，行至藤州与弟弟相会。作为元祐重臣，苏辙在这场贬谪风波中也遭二次清算，被贬到了雷州。苏辙此行，身边也只带了夫人史氏和幼子苏远一房，至于长子苏迟和次子苏适两家则留在了颍川，那里有一些田产可供维生。

兄弟二人见面后，又是一阵唏嘘，但这光景他们已然习惯了。在混乱不休的党争中，似乎没有一个人能够幸免，落魄与风光都是弹指间的事情，他们能够做的，只是风光时无愧于心，落魄时淡然处之。

难得相聚，他们特意放缓进程，一路同行到苏辙的贬谪之地雷州。待六月五日到达雷州，苏轼停留三天后，便继续赶路，前往自己的任地儋州。

苏辙跟着哥哥，过徐闻，一直送到海边。两兄弟就此分别，一个在岸边，一个在船上，遥遥相望，悲凄的目光久久不曾错开，或许，他们心中已然预感到了，这将是他们最后一次相见。

南荒的文化使者

儋州比惠州更为荒远，《儋州志》说：“盖地极炎热，而海风苦寒。山中多雨多雾，林木荫翳，燥湿之气不能远，蒸而为云，停而为水，莫不有毒。”

绍圣四年（1097）七月二日，苏轼到达当时被中原人视为凶险之地的儋州。因长途水路颠簸，再加上年老体衰，他刚到贬所便病倒了。所以，初来乍到，他几乎都在养病，身体稍好时就杜门默坐。在给朋友的信中，他说道：“至儋州十余日矣，澹然无一事，学道未至，静极生愁。”

的确，苏轼在陌生的儋州感到很不适应，比初到黄州和惠州时体验都更深。

苏轼喜欢吃肉，但儋州几乎无肉可吃，本地人多吃老鼠、蜈蚣，这样的饮食习惯让苏轼觉得不可思议。而苏辙的贬地雷州，情况也差不多，苏辙因为难以适应当地的饮食习惯，吃进去的东西总是吐出来，体重骤减。苏轼听说后，给弟弟写信，说自己也能吃熏鼠了，体重反而有所增加。其实，说是能吃熏鼠，也不过是勉强充饥，食不知味罢了。

此外，儋州人不事耕作，主食为薯芋，有时会与少量的稻米一起煮。吃惯美食的苏轼只能尽量每顿吃饱，但即使这样也难以实现，一度要忍受饥饿。原来，儋州的稻米主要从琼州（今海口）运送过来，但船只在海上飘荡数月，风波险恶，经常无法按时送达。缺粮的时候，苏轼父子便练龟息法，将食量减到最低，面朝太阳做深呼吸，要将热能化为体能。这叫“阳光止饿法”，据说还有点儿效果。

饮食清汤寡水，居住环境也好不到哪儿。苏轼住的是几间破官舍，比杜甫在秋风中的茅屋更加糟糕，不仅漏雨，而且漏树叶。有一天早晨，他在风雨中醒来，竟然满身都是湿漉漉的黄叶，“风雨睡不知，黄叶落枕前”。

然而，居无所、食无肉对苏轼来说还不是最难以忍受的，他在这个海岛上，还出无友，读无书，写字作画没纸墨。一代文豪，在精神上被牢牢地困住了。每天，他只能坐禅养性，只有这个习惯还没有被艰苦的条件所限制。

这种情形，直到八月张中担任儋州的新军使，才有所改变。张中品性纯良，非常尊敬苏轼，他刚到儋州便上门拜访苏轼，与苏家父子一见如故，此后更是经常登门，与同样酷爱下棋的苏过对弈。苏轼虽然自称“素不解棋”，但观二人对弈，却也悟出了许多道理，打发了百无聊赖的闲暇时间。

在生活上，张中也尽己所能地帮助苏轼父子。到入冬时节，海岛上的风雨之日连绵不断，苏轼住的官舍愈发难以抵挡风寒。张中见此，不忍心看苏轼在蹀躞之年受风雨之苦，便冒着暗助罪臣的风险，派兵修缮了破官舍。此后，苏轼也得以安居了。

张中还替苏轼介绍当地的黎族朋友，给他们做翻译。后来，为了方便交流，苏轼也开始学黎人的语言，甚至学唱神奇的儋州古调声，与黎人通宵达旦地共舞，而与他亲近的黎人则学他用眉山语音讲的“官话”。时至今日，海南儋县仍有两个村庄讲眉山话。

就是在这种密切的往来中，渐渐地，苏轼交到了一些当地朋友。苏轼性好动，没有朋友是很难受的。在黄州、惠州是这样，儋州亦如此。在他新交的朋友中，黎子云兄弟与之往来尤为密切，几乎每天见面，饮酒游乐。黎家居住在儋州城东南方向，以务农为业，“居临大池，水木幽茂”，苏轼、苏过和张中等人经常前往欢聚，为了方便聚会，大家甚至集资为黎家修建了房屋。

苏轼适应当地的生活后，也开始在儋州的城乡各地漫游。有个七八十岁的老太太，每当遇到苏轼时，便目不转睛地盯着苏轼看。一日，她忽然说：“内翰昔日富贵，一场春梦！”苏轼从此亲切地称她“春梦婆”。

还有一天，苏轼外出串门，喝下几杯酒后，归家迷路了。当地民居看上去都差不多，家家户户的围栏几乎一模一样，形同迷宫。他吟诗说：

半醒半醉问诸黎，竹刺藤梢步步迷。
但寻牛矢觅归路，家在牛栏西复西。

他依然沾酒即醉，小孩儿觉得他奇怪，争着看他，跟在他后面跑着，跳着。他不以为意，扭头一笑，诗已出口：

寂寂东坡一病翁，白须萧散满霜风。
小儿误喜朱颜在，一笑那知是酒红。

他也常去儋州的溪边散步，或者站在溪边看过往的行人，正可谓“溪边古路三叉口，独立斜阳数过人”。因为海南常有雨，忽来忽去，当地的黎人也送了他斗笠和木屐，他穿在身上，斗笠遮去了漫天风雨，木屐让他免去了雨水湿鞋，而他走路的形态也因此不同于往日，仿佛大学士真的成了地道的黎民。这样的苏轼，让当地人都觉得十分亲切，当时还有无名画家据此创作《东坡笠屐图》，一时传为佳话。

黎人不仅在雨天赠送斗笠和木屐，平时也会送一些蔬菜给他，甚至不相识的樵夫也送来木棉布。他由衷地感谢这些良善之人，用诗句记录下他们的关照，比如“遗我古贝布，海风今岁寒”“华夷两樽合，醉笑一欢同”，等等。

苏轼谪居儋州，他的好友、门生虽然也都无一幸免地被贬黜或者牵连，但依然来信问候，甚至不远千里前来探望。

杭州的僧人参寥，和苏轼交情颇深，欲渡海从杭州赶赴儋州，然而，这件事不小心传了出去，当地官员就强迫参寥还俗，并将他编管在兖州。

眉山人巢谷，和苏轼自黄州一别十几年，这时从家乡起程，以七十老翁之躯，千里迢迢赶赴岭外。苏轼和苏辙身居高位时，巢谷未曾一见，总是行在别处。但当他听说两兄弟遇难，马上背起简单的行囊来了。他从四川出发，一路徒步，先到雷州看望苏辙，接着又赶往儋州。但他乘舟到新会时，不幸遭遇盗贼，行囊被偷走了。或许是因为行囊中装了非常重要的药草要给苏轼，他后来听说盗贼在新州被捕，便星夜兼程，匆忙赶去。最后，这位善良的老人终因旅途劳顿，累死在新州道旁。苏轼和苏辙听闻噩耗，相隔数百里，恸哭不已。

还有苏轼的内弟王元直，他是苏轼夫人王闰之的弟弟，此时也只身前来探望。他沿着长江行舟，经洞庭，过岭南，一路还算顺畅。然而，岭南毕竟瘴气重重，他在途中不幸染病，尚未见到苏轼就患病身亡。

苏轼接二连三地听说亲友因为看他而生逢意外，内心愧疚不已，他一再写信给亲戚朋友，表明自己在儋州的生活很好，苦劝他们不要再冒险。不过，友人们似乎并不觉得害怕，依然不断前来，王商彦派来了专人，杨济甫让儿子来了，而道士吴复古也渡海来看他了……

相较于友人的古道热肠，小人也愈发猖狂地斩尽杀绝，欲置苏氏兄弟于死地。绍圣五年（1098）三月，酷吏董必在章惇的安排下按察岭南，结果那些曾经帮助过苏轼和苏辙的官员都遭到了报复。雷州知州张逢因为帮苏辙租房子和款待苏轼，受到弹劾；儋州军使张中因替苏轼修缮官舍，遭到检举；海康县令陈谔等人，因与苏轼兄弟往来密切，也受到轻重不等的处罚。

不仅如此，苏辙再次遭到贬谪，从雷州又被贬到了循州（今广东龙川）。至于苏轼，或许朝廷找不到比儋州更荒凉、更危险的地方来“安置”他了，但也依然没有放过他，竟又专门派遣使者渡海到儋州，将苏轼从官舍中驱赶出去。

恶人的刁难并未打倒苏轼。他和儿子苏过无处可居，便在城南的桄榔林下草草盖起了房子。当地的百姓和一些读书人见苏轼要筑屋，便自发前来帮忙，挖地挑土，而军使张中也不顾刚被训斥，依然投入到帮苏轼建屋的队伍中。

经过大家的努力，富有当地特色的茅屋很快建成，共五间，因建在桄榔林下，周围遍布桄榔树，苏轼幽默地将其称为“桄榔庵”。

有了属于自己的房屋，苏轼并不仅仅将它当成一处可以安身的住所，还在这里授业讲学。昔日他是帝师，专门教授皇帝，如今转而教诲平民子弟了。其实，早在这之前，苏轼就已经开始在儋州讲学，与众多学子交流文化了。不仅是儋州，海岛上的其他三州士人听闻苏轼的大名，也纷纷赶来求学。因海岛缺少书籍，苏轼便自己编写教材，将毕生所学毫无保留地传递给这个有待开化的海岛。

在苏轼的努力下，海南也出现了有史以来的第一位进士——姜唐佐。姜唐佐原是琼州人，于元符二年（1099）九月专门过海，前来向苏轼求学，他跟随苏轼学习了半年之久，颇受苏轼欣赏。临走之前，他向先生乞诗，苏轼写下两句：“沧海何曾断地脉，白袍端合破天荒。”并许愿说，等姜唐佐考上进士之后，他再续写下两句。然而，当姜唐佐后来高中进士时，苏轼已在九泉之下。于是，苏辙代兄长完成了昔日的承诺，将其续写成篇：“锦衣不日千人看，始信东坡眼力长。”在中国诗歌史上，这样悲喜交集的故事总是令人心酸。

苏轼在海南，自然而然地充当了文化使者的角色。他希望这个落后的海岛能够早日开化，并尽己所能地去努力。当地有“病则椎牛祭鬼，丧葬必解牛款客”的习俗，然而，人们所杀的牛都是用沉香等珍贵特产换来的，这些以极大代价得来的牛并不用于耕种，反而在祭祀和丧葬中被大量宰杀。苏轼觉得这样太过浪费畜力，因此，他将唐代柳宗元的名篇《牛赋》书写下来，请和尚广为宣传，以劝诫百姓爱惜耕牛，垦荒种植，发展农业。

因为畜牧业和种植业不发达，苏轼也发现了当地的一项奇特风俗，那就是生产劳动几乎都由妇女承担，而身强力壮的男子却常年在家里闲着。这让苏轼颇为痛心，于是，他经常在人群中诵读杜甫的《负薪行》，以这首诗所描写的男尊女卑、男逸女劳的社会现象，以及妇女的悲惨命运为例，劝诫当地百姓改善妇女的生存状况。

苏轼虽然是罪臣之身，是没有任何权利的贬谪官员，但他依然通过自己的努力，不断影响着海南的人民。甚至可以说，黎人与汉人和睦相处，苏轼有很大的功劳。

东坡之死，山河同悲

元符三年（1100）初，原本就不平静的大宋朝堂再生变故。正月十二日，年仅二十四岁的哲宗皇帝一命呜呼。因哲宗无子，其弟赵佶继位，即为历史上颇有争议的宋徽宗。

随着徽宗登基，神宗之妃向氏以皇太后的身份垂帘听政，政局也朝着对元祐诸臣有利的方向发展。果然，到了二月底，徽宗皇帝大赦天下，之前被贬的元祐大臣也得以赦免，从各处偏远之地内迁。

身在儋州的苏轼，因为消息阻塞，三月初才得知这一消息。而直到五月，朝廷的诏令才送达苏轼手中，他被迁为琼州别驾，廉州（今广西合浦）安置。六月，苏轼准备就绪后，决定离开谪居三年的儋州。

在苏轼启程之前，当地人纷纷赶到他的住所桄榔庵拜别，他们既为苏轼感到高兴，也为即将面临的离别伤心，甚至有百姓因为不舍而执手相哭。这样的场景让苏轼不觉动容，他又想到这三年与黎民的深厚交情，一时间百感交集，写下了《别海南黎民表》：

我本海南民，寄生西蜀州。
忽然跨海去，譬如事远游。
平生生死梦，三者无劣优。
知君不再见，欲去且少留。

苏轼的故乡之情绵长而激烈，无论身在何处，心中一直牵挂着眉山老家，却又做到了严格意义上的四海为家，走到哪儿爱上哪儿。对杭州如此，对黄州也是一样，而即使是荒凉艰苦的儋州，他依然爱得深切，甚至萌生过余生定居儋州的想法。然而，纵然他不舍儋州之地，不舍儋州的百姓和友人，他终究是有自己的使命，终究是要离开这座海岛的。

六月二十一日，苏轼渡琼州海峡，前往徐闻。在这里，他见到了阔别七年的秦观。秦观在绍圣初年的政治风波中被贬雷州，此时也蒙恩北迁，他听闻苏轼会经过徐闻，便特意到此等待。师生二人见面，悲喜交加，激动地互问近况。但因秦观要奉命去衡州，而苏轼也要到廉州赴任，二人同行到雷州，便不得不就此告别。然而，这一去竟成了永别，没想到秦观北行到藤州时，于八月十二日不幸病逝，时年五十一岁。

之前，苏轼与秦观分别后，于七月四日抵达廉州，刚安顿下来，又接到朝廷诏令：授舒州团练副使，永州安置。于是，他又匆忙收拾行囊，踏上前往永州的道路。就是在北上永州时，他听闻了秦观去世的噩耗，“两日为之食不下”，甚至决定去藤州再看秦观一眼。然而，当他昼夜兼程地赶到藤州时，才知道秦观的女婿范温已经将其灵柩运走了。伤心的苏轼只能在风中反复哀叹秦观的早逝："哀哉痛哉，何复可言！"

此后，痛失爱徒的苏轼继续北归，计划经广州乘舟前往永州。不过，十一月中旬，他又一次接到朝廷诏令，"得免湖外之行"，即可以随意选择居住地。这总算给愁云满面、一身疲惫的苏轼带来了些许安慰，仿佛北上的道路突然间开阔了许多。

建中靖国元年（1101）初，苏轼到达了具有特殊意义的大庾岭。自绍圣元年（1094）九月他从此岭赶赴惠州，至今已经过去七年了。在士大夫眼中，大庾岭号称是政治分界线，凡是官员被贬到岭外，很少能够再回来。但苏轼做到了。

他在大庾岭上徘徊，思绪不禁翻飞，写下了《过岭二首》《赠岭上老人》等诗。他庆幸自己"暂着南冠不到头，却随北雁与归休"，也感慨"梦里似曾迁海外，醉中不觉到江南"。

怀着激动的心情，苏轼带领家人翻过大庾岭，到达虔州（治所在今江西赣州），但因赣水干涸，难以通航，只能暂时在此地停留，等到水涨后再继续前行。他滞留虔州的时候，许多人慕名赶来，或为一睹他的风采，或为向他请教学问，或为求取墨宝。对于来访者，他总是随和接待，有求必应。

就这样，一直待到三月下旬，赣江水涨，他才离开虔州，继续北上，并于四月到达南昌。南昌太守叶祖洽见到他，笑问："世传端明（学士）已游道山，今尚尔游戏人间耶？"苏轼答："途中见子厚（章惇字），故返回耳。"

说到章惇，苏轼在北归时倒收到了章惇之子章援的信件。这封长达千字的信，言辞诚恳，字里行间都表达了希望苏轼日后放过他们父子的恳求。世人皆知，章惇曾经不遗余力地迫害苏轼，章援有此想法，实属正常。然而，他们却错看了苏轼。此时的苏轼，早已放下昔日的恩怨是非，更何况他原本就是一个豁达、大度之人。因而接到此信后，苏轼也马上回了一封长信，诚恳地说：“轼与丞相定交四十余年，虽中间出处稍异，交情固无所增损也。闻其年高寄迹海隅，此怀可知……”书信背面还写了专治瘴毒的药方，荐与被宋徽宗贬到雷州的章惇备用。这封书信，后来成了章家人的传家宝。

因为朝廷特许，苏轼可以自己选择以后的居所，但他却犯难了，北归的路上一直在反复琢磨，直到五月抵达金陵时也未能定夺。原来，他属意常州，但弟弟苏辙则希望他到颍昌定居，方便兄弟二人一起安度晚年。其实，苏轼内心非常希望与弟弟团聚，实现邻榻而眠、夜雨对床的夙愿，只是颍昌距离汴京太近，难免会沾惹政治气息，这对想要退隐朝政的苏轼来说，是极为避讳的。因此，当两兄弟都可以“任便居住”时，苏轼一直在犯难。

正当苏轼在金陵停留，举棋不定时，苏辙再次来信，恳请兄长到颍昌。苏轼终是不忍让弟弟失望，决定去颍昌定居了。在启程之前，他先让儿子苏迈和苏迨回常州搬家，他则趁这段时间与友人钱济明、表弟程德孺前往金山寺游览。

三人登高望远，畅所欲言，仿佛回到了青年时期，只是他们都知道时过境迁。在金山寺里，还藏着李公麟所画的苏轼像，苏轼这次前来，看到自己曾经的画像后，忍不住写下了《自题金山画像》：

心似已灰之木，身如不系之舟。

问汝平生功业，黄州惠州儋州。

在这首题画诗中，苏轼回首了自己的一生，几起几落，漂泊不定，纵然有忧国忧民的浩瀚之气，也不得不化为壮志未酬的长长叹息。失意之中，他只能慷慨悲歌，自叹飘零。这种凄凉的氛围，饱含着抒写不尽的人生苦闷，但他话锋一转，用诙谐的语言调侃起自己的平生功业——不在杭州，也不在汴京，而是在贬谪的黄州、惠州和儋州。这就是苏轼，总是语出惊人。失意也罢，坎坷也罢，他却丝毫不减豪放本色。

这次游览金山寺，苏轼也从任职浙江转运使的程德孺口中听到了关于朝堂的传言。自徽宗皇帝登基后，变法派的章惇、蔡京相继被罢免，元祐诸臣则不断被起用。在这其中，苏轼和苏辙兄弟是资历和威望最高的，很多人认为他们重新得到重用指日可待，甚至有传言称苏轼将出任宰辅。而民间百姓，更是祝愿他早日做宰相，造福于天下。

然而，政治却是风云变幻的。此时的汴京城，变法派的曾布、赵挺之等人正在酝酿着“绍述之议”，计划召还蔡京，继续打击元祐诸臣。

这样的时局令苏轼非常吃惊，他刚从七年的岭南生活中缓过来，对政治斗争始终心有余悸。因此，他思索再三，还是决定远离靠近京师的颍昌，而去常州定居。行程既定，苏轼马上给弟弟写了一封信，表达自己对政局的担忧，以及对未来的看法和规划。然后，他继续向常州进发。

五月下旬，苏轼到达真州（今江苏仪征），因要变卖之前在真州购买的几间市屋，便停船上岸。令他惊喜的是，他在此地竟然遇到了多年不见的米芾。原来，米芾在真州办了西山画院，他得知苏轼路过此地，特意赶来相见。在书法领域已成大家的两人，仿若他乡遇故知，言无不尽，自是万分欣喜。

然而，进入六月后，苏轼的身体却出现不适。他已是六十五岁的高龄，体质不比当年，又在遍布瘴气的岭南之地待了七年，瘴毒或许早已浸入身体，而这一年来又不断舟车劳顿，甚少得到休息，再加上这次在真州的大部分时间都是住在闷热的小船之上，河道内的污浊气体也始终包围着他。

这些多重因素的组合，终于导致苏轼生了大病。他连续多日腹泻不止，“某食则胀，不食则羸甚”，甚至不能平卧。病情越来越严重，他担心自己或许将不久于人世，便撑着病体，提笔给弟弟苏辙写信，交代后事：“即死，葬我嵩山下，子为我铭。”

苏轼生病期间，米芾多次前来探望，并带来主治火毒入里的中药“麦门冬饮子”。然而，苏轼的病情始终未能好转。六月二十日，他离开真州，先渡江过润州（今江苏镇江），之后抵常州，暂住在朋友钱济明为他租借的孙氏馆里。

到了常州，他依然缠绵病榻。病况偶有好转，没想到次日又发起高烧，热毒大作。他强撑病体写了《与钱济明书》，在这封书信中也记录了当时的情况：“一夜发热不可言，齿间出血如蚯蚓者无数，迨晓乃止，困惫之甚。细察疾状，专是热毒，根源不浅，当专用清凉药。已令用人参、麦门冬、茯苓三味煮浓汁，渴即少啜之，余药皆罢也。庄生闻在宥天下，未闻治天下也。如此而不愈则天也。”

苏轼具有丰富的医药知识，但他给自己配的药，经后世医师来看，其实药效不大，尤其是人参和茯苓属于温药，而不是苏轼所说的清凉药。再加上苏轼患的并不只有瘴毒，还有肠胃、心肺等疾病，这就更加重了救治的困难。

七月十八日，苏轼自知大限将至，把三个儿子叫到身边，简单地交代了一些后事。见儿子们皆眼含泪水，他安慰道："吾生无恶，死必不坠（地狱）。"

此后的几日里，苏轼大部分时间是安心躺着睡觉，醒了会和家人、朋友说话，也会和远道而来的径山寺长老惟琳交谈，尽管谈的多是关于生死的问题。到二十五日之后，他的病情愈发严重了，死亡之神越来越近……

在他弥留之际，惟琳俯到他耳边大声道："端明勿忘西方。"（不要忘记去西天的事。）

苏轼答："西方不无，但个里著力不得。"（西方是有的，但此中不应用力。）

钱济明也凑近他耳边说道："固先生平时履践至此，更须著力！"（先生平时信佛，现在更要用力！）

苏轼闭目答道："著力即差！"

此后，苏轼不再言语，终是溘然长逝。这一天是建中靖国元年（1101）七月二十八日，苏轼时年六十五岁。

苏轼病逝的消息，很快传遍全国，举国为之震悼，山河同悲。他的亲朋好友、门生故吏和士人学子的哀悼自是不必说，而在他曾经任职的那些地方，百姓也相与哭于市，自发地举行群体性的哀悼活动。

一代伟人苏轼就这样结束了自己的一生。他满腹才华，胸怀大志，对国家尽忠职守，对百姓爱民如子，但他的人生却在大大小小的风波中飘摇跌宕，这不得不令人唏嘘，或许正如其弟子李廌所说：“道大难容，才高为累。”

附录　苏轼生平年表

景祐三年（1036）出生

十二月十九日，苏轼于四川眉山纱縠行苏宅降生。父亲苏洵，母亲程氏（眉山富豪程文应之女）。

宝元二年（1039）3 岁

二月，弟弟苏辙降生。

皇祐二年（1050）14 岁

姐姐八娘嫁给表兄程之才（程正辅）为妻。

皇祐四年（1052）16 岁

八娘在公婆的苛责之下，抑郁而亡，苏、程两家绝交。

至和元年（1054）18 岁

苏轼迎娶王弗为妻。王弗乃青神县乡贡进士王方之女。

至和二年（1055） 19 岁

和苏辙一起随父游学成都，结识在益州任知州的张方平。

嘉祐元年（1056）20 岁

三月，在父亲苏洵的陪伴下，与弟弟苏辙一起赴京赶考。

八月，应开封府试，兄弟皆中举。

嘉祐二年（1057） 21 岁

正月，参加欧阳修主持的礼部考试，与弟弟同科进士及第。

四月，母亲程氏病亡，回家服母丧。

撰写《刑赏忠厚之至论》《谢欧阳内翰书》等文章。

嘉祐四年（1059） 23 岁

长子苏迈降生。

十月，与家人启程返京，途中写《初发嘉州》《江上看山》等诗文。

嘉祐五年（1060） 24 岁

二月，抵达汴京，被任命为河南府福昌县主簿，推辞不受。

为准备制科考试，与弟弟苏辙搬到怀远驿居住。

嘉祐六年（1061） 25 岁

应制科考试，与弟弟苏辙皆入选，授大理评事、签书凤翔府判官。

十一月，携妻子王弗与儿子苏迈启程赴凤翔任职。

创作《和子由渑池怀旧》《石鼓歌》《王维吴道子画》《喜雨亭记》等诗文。

嘉祐八年（1063）27岁

在凤翔任职期间，与凤翔知州陈希亮的儿子陈慥、商洛县令章惇结识。

创作《和子由踏青》《凌虚台记》等诗文。

治平元年（1064）28岁

十二月，凤翔任满，启程前往汴京。

治平二年（1065）29岁

一月，回到汴京，差判登闻鼓院。

二月，参加馆阁考试，以最高的“三等”入选，得直史馆。

五月，妻子王弗病逝，时年二十六岁。

治平三年（1066）30岁

四月，父亲苏洵去世，时年五十七岁。

六月，扶柩回乡，葬父亲和妻子于眉山之东。

熙宁元年（1068）32岁

续娶王弗的堂妹王闰之为妻。

十二月，与弟弟苏辙变卖眉山家产，启程回京。

熙宁二年（1069）33 岁

在汴京任殿中丞直史馆判官告院，主要负责编修国史。

熙宁三年（1070）34 岁

二子苏迨降生，为王闰之所生。

熙宁四年（1071）35 岁

六月，因变法争端，被神宗下令通判杭州。

七月，携带家眷离京赴杭。

熙宁五年（1072）36 岁

三子苏过在杭州降生。

七月，恩师欧阳修去世，撰写《祭欧阳文忠公文》。

熙宁六年（1073）37 岁

通判杭州期间，写《饮湖上，初晴后雨》等诗词。

这一时期，在著名词人张先的影响下，词的创作量大为增加。

熙宁七年（1074）38 岁

为十二岁的歌女王朝云赎身，收为侍女。

九月，携全家启程去密州赴任知州，朋友张先同船相送。

熙宁八年（1075）39岁

在密州任知州，治蝗灾，修建超然台。

期间创作《江城子·密州出猎》《超然台记》等。

熙宁九年（1076）40岁

创作《水调歌头》《登常山绝顶广丽亭》等。

十二月，以祠部员外郎、直史馆移知河中府，离开密州。

熙宁十年（1077）41岁

在去河中府的路上，改知徐州，并于四月到任。

为长子苏迈娶妻。

元丰元年（1078）42岁

创作《永遇乐》等。

元丰二年（1079）43岁

三月，改知湖州，并于四月二十一日到任。

七月，御史李定等人诬告苏轼谤讪新政，即“乌台诗案”。

十二月，“乌台诗案”结案，苏轼免于死罪，责授黄州团练副使，本州安置，不得签书公事。

元丰三年（1080）44岁

二月，到达贬谪之地黄州。

创作《初到黄州》《定惠院寓居月夜偶出》《与王元直》《答

李端叔书》等。

元丰五年（1082）46 岁

为解决生活所需，在黄州的东坡耕种，筑雪堂，自号东坡居士。

创作《定风波》《浣溪沙》《念奴娇 · 赤壁怀古》《临江仙》《前赤壁赋》《后赤壁赋》等。

元丰六年（1083）47 岁

侍妾王朝云生子，取名苏遁，是苏轼第四子。

创作《洗儿》《记承天寺夜游》等。

元丰七年（1084）48 岁

接到移汝州团练副使的诏令，在赶赴汝州的途中拜访寓居金陵的王安石。

七月，幼子苏遁丧生。

创作《别黄州》《题西林壁》《次荆公韵四绝》《与王文甫》《石钟山记》等。

元丰八年（1085）49 岁

三月，神宗皇帝驾崩，哲宗继位，高太后垂帘听政。

五月，起知登州，到官仅五日，以礼部郎中召还。在朝仅半月，升起居舍人。

创作《归宜兴，留题竹西寺三首》《登州海市》《惠崇春江晓景二首》等。

元祐元年（1086）50岁

三月，升为中书舍人，且无须考试，直接就任。

九月，升为翰林学士，知制诰，负责起草圣旨。

元祐二年（1087）51岁

兼任皇帝侍读，负责教导哲宗皇帝。

元祐三年（1088）52岁

权知礼部贡举。

创作《书王定国所藏烟江叠嶂图》等。

元祐四年（1089）53岁

三月，以龙图阁学士充两浙西路兵马钤辖知杭州军州事。

七月，到达杭州任所。

元祐六年（1091）55岁

二月，被召回汴京，任翰林学士承旨，知制诰，兼侍读。

八月，以龙图阁学士知颍州。

元祐七年（1092）56岁

二月，以龙图阁学士充淮南东路兵马钤辖知扬州军州事。

八月，以兵部尚书兼皇帝侍读召还。

十一月，迁端明殿学士、翰林侍读学士、礼部尚书。

元祐八年（1093）57岁

八月一日，妻子王闰之病逝，写《祭亡妻同安郡君文》。

九月三日，高太后病逝，哲宗亲政。

九月中下旬，苏轼离京，以本官出知定州。

绍圣元年（1094）58岁

四月，以“讥斥先朝”的罪名，被取消端明殿学士和翰林侍读学士的称号，改以左朝奉郎，责知英州军州事。

八月，责授宁远军节度副使，惠州安置，不得签书公事。

十月二日，苏轼携王朝云和幼子苏过到达贬所惠州，长子苏迈和次子苏迨归宜兴。

绍圣三年（1096）60岁

七月，王朝云卒于惠州，时年三十四岁。

绍圣四年（1097）61岁

四月，责授琼州别驾，昌化安置。

五月，与弟弟苏辙于藤州相遇，同行至苏辙的贬地雷州。

七月，携幼子苏过渡海到达贬所儋州。

元符三年（1100）64岁

正月，哲宗驾崩，其弟赵佶继位，即为宋徽宗。

五月，移廉州。

八月，门生秦观在藤州病故，时年五十一岁。

九月，改舒州团练副使，永州安置。在赴永州途中，复朝奉郎，提举成都玉局观。

建中靖国元年（1101）65 岁

五月，至真州，遇到多年未见的米芾，但瘴毒大作，腹泻不止。

七月二十八日，卒于常州。